Il sacramento del linguaggio: archeologia del giuramento

언어의 성사(聖事)
맹세의 고고학

조르조 아감벤
Giorgio Agamben
정문영 옮김

Il sacramento del linguaggio: Archeologia del giuramento(Homo sacer II-3) by Giorgio Agamben
copyright ⓒ 2008, Gius. Laterza & Figli
All right reserved.

Korean translation copyright ⓒ Saemulgyul Publishing House, 2012.
This Korean edition is published by arrangement with Gius. Laterza & Figli S.p.A c/o Marco Vigevani Agenzia Letteraria through Momo Agency.

옮긴이 정문영
1996년 전남대학교 인류학과를 졸업하고 1999년 서울대학교 대학원 인류학과에서 「광주 '오월 행사'의 사회적 기원: 의례를 통한 지방의 역사 읽기」라는 논문으로 석사학위를 받았다. 그 후 미국 코넬대학교 역사학과에서 박사과정을 수료한 후 귀국하여 담양에 있는 한정식집 '햇살부르는바람소리'를 운영하고 있다. 옮긴 책으로는 『아우슈비츠의 남은 자들』(2012), 『경제 인류학을 생각한다』(2010)가 있다.

언어의 성사聖事: 맹세의 고고학
지은이 | 조르조 아감벤
옮긴이 | 정문영
펴낸이 | 조형준
펴낸곳 | 새물결 출판사
1판 1쇄 2012년 9월 20일 | 1판 3쇄 2019년 5월 25일
등록 서울 제 15호-52호(1989. 11. 9)
주소 | 서울특별시 마포구 포은로5길 46 우편번호 04008
전화 | 편집부 02)3141-8696, 영업부 02)3141-8696 팩스 02)3141-1778
이메일 | saemulgyul@gmail.com
ISBN 978-89-5559-318-1(04100)
ISBN 978-89-5559-229-0(세트)

이 책의 한국어판권은 모모 에이전시를 통해 Gius. Laterza & Figli S.p.A c/o Marco Vigevani Agenzia Letteraria와의 독점 계약으로 새물결출판사에 있습니다. 저작권법에 의해서 한국 내에서 보호를 받는 저작물이므로 무단전재와 복제를 금합니다.

What's up 총서를
발행하며

　지금 우리에게는 우리의 '삶'에 대한 사유의 근본적인 전환이 절실하다. 그것은 소박한 앎에의 욕망도 그렇다고 앎에의 의지도 아니다. 오히려 그것은 우리의 생존 자체를 위해서 절박하게 요청되고 있는 바의 어떤 것이다. 현재 신자유주의로 통칭되는 자본(주의)은 물신 분석의 대상을 넘어 우리의 신체와 의식 자체가 되어버렸다. 그리고 '88만 원 세대'라는 말이 상징하고 있듯이 학교와 직장에서, 그리고 심지어 모든 일상에서 모든 이의 삶이 '돈'으로 환산되어 쓰레기로 양산되고 있는 것은 누구나 목도하고 있는 바이다. 그러나 대학과 정치라는 제도는 이러한 우울한 시대의 저항과 비판의 보루이기를 그친 지 이미 오래이다. 인문학은 점점 '실용'의 미명에 압착당하고 있으며, 대학은 사회를 보호하는 사유의 장소이기를 멈춘 채, 테크노크라트들의 양성소로 변해가고 있다. 따라서 이 미혹의 역逆계몽 시대에 우리에게 필요한 것은 위기론이나 탈주론이 아니라 용기와 도전, 그리고 이를 위한 새로운 방법론을 탐구하기 위한 몸부림이다.
　모순이 세계화하는 시대, 우리의 저항선은 온갖 장소에서 그어질 수밖에 없다. 사유의 '식민성'이나 '(잃어버린) 주체의 재건'과 같은 테제, 그러니까 "나는 내가 생각하지 않는 곳에 존재하고 내가 존재하지 않는 곳에서 생각한다"는 데에서 오는 불안은 오랫동안 한국의 지성들을 괴롭혀왔다. 다른 이의 표현을 벗어 던져라, 그러면 해방되리라. 그런데 어떤가 하면, "우리에게는 스스로의 생각을 다른 이의 표현을 따라 이해하는 경우가 너무 많다"(폴 발레리). 유럽의 하나 됨을 다름 아닌 사유의 잡종성과 표현의 연대 속에서 찾아낸 이 비평가의 말은 지금 우리에게 의미심장하게 들린다. 중요한 것은 고유한 주체가 아니라, 이 시대의 삶과 관련해 사유 자체를 개시하는 일이 되어야 한다.

그러기 위해서 우리는 세상 모든 생각에 고유성이나 주체성은 없다는 급진적인 공공성을 사유의 과제로 제기하려 한다. 즉 이식을 극복한 어떤 주체도 아니고 민중이나 다중이나 마이너리티도 아닌, 이름 없는 공동성을 탐구하는 일이 필요한 것이다. 사유의 외재성이 아니라, 고유성에 대한 믿음 자체에 저항하며, 우리는 삶의 조건 자체로 뚫고 들어가는 사유를 개시한다.

1848년 마르크스는 "하나의 유령이 유럽에 떠돌고 있다"고 썼다. 이 유령이 더이상 유령이 아니라 살아 움직이게 될 것임을 선언케 했던 그러한 징후가 우리 시대에도 여전히 존재하는지에 대해서는 말하지 않겠다. 다만 확실한 것은, 이 유령을 잡기 위해 연대한 '성스러운 사냥꾼들'만은 그 어느 때보다 견고한 모습으로 존재하고 있다는 사실이다. 사회에 대해 물음으로써 사회를 보호하는 것이 아니라, 사회 자체에 공헌하라는 명령 속에서, '사회'와 '공공성'에 대한 물음은 점점 더 설 자리를 잃어가고 있다. 너무 늦기 전에 움직이기 위해서 우리는 빨리 움직일 것이며, 무거운 지식과 속도의 지식을 한꺼번에 끌어오고 또 써나갈 것이다. 이름 없는 공동성을 탐구하기 위해, 사유의 적들에 틀림없는 '이름'을 부여할 것이다.

이러한 탐구를 위해 우리는 "What's up?"이라고 묻는다. 미국 흑인 노예 제도의 극악한 폭력성을 비극적으로 증언하는 이 "별 일 없었지?"라는 안부 인사는 고스란히 우리 시대의 아침 인사가 되고 말았다. 실업이 예외에서 일상이 되고, 오늘의 정규가 내일의 비정규로 떨어지고, 자본이 예술로 전도되는 이 시대. 그러니까 예외 상태가 보통 상태가 되어버린 이 시대, 우리 시대의 자본이 새롭게 발휘하는 마술 같은 공포의 변증법을 통해 우리 모두는 전혀 새로운 제도적·정신적 예속 상태로 노예화되고 있는 것이다. 게다가 그것은 감시와 처벌이 아니라 법의 준수와 제도의 안정이라는 이름으로 진행 중이다. 하지만 "What's up?"이라는 말은 단지 이러한 공포에 대한 승인만을 의미하지는 않는다. 어쩌면 그것은 폭력의 자행에 대한 묵종이 아니라 새로운 연대와 저항선을 그려나가기 위한 맹목적인 질문일 수조차 있다. "What's up?"이라는 이 자그마한 연대와 우정의 인사가 그러한 폭력적 제도의 정당성을 근본적인 질문에 부치는 작은 함성이라고 믿는다.

우리는 다른 이들을 통해, 그리고 그들과 함께 바로 지금 여기서 일어나는 일을 만날 것이다. 물음과 응답, 그것이 우리가 하고자 하는 모든 일이다.

— 김항, 박진우, 한보희, 황호덕

| 차례 |

What's up 총서를 발행하며 5

01 언어의 성사 13

옮긴이 후기 151

참고문헌 157

일러두기

1. 본문에서 인용되고 있는 저서들의 경우 국역본이 있는 경우 참조는 했으나 그대로 따르지는 않았기 때문에 따로 출전을 표시하지는 않았다.
2. 성경 인용문의 경우 주로 한국천주교주교회의에서 펴낸 『성경』의 번역을 따랐다. 다만 문맥상 필요하다고 생각되는 부분에서는 약간의 수정을 가했다. 성경 인물과 성경 제목도 '바울'을 '바오로'로 옮기는 등 천주교주교회의의 『성경』의 용례를 따랐다.
3. 이 책에서 사용되고 있는 라틴어와 그리스어 등의 고전어는 꼭 필요한 경우나 의미가 확정된 경우를 제외하고는 굳이 번역어를 제시하거나 음역하지 않았다. 대신 이해를 돕기 위해 단어 설명을 각주로 붙였다. 각주의 단어 설명에서 보이는 괄호 안의 G, L, H, F는 각각 그리스어, 라틴어, 히브리어, 프랑스어를 가리킨다.

Von diesen Vorgängenen meldet kein Zeuge; sie zu verstehn bietet unser eignes Bewusstsein keinen Anhalt. Nur eine Urkunde ist uns von ihnen geblieben, so schweigsam dem unkundigen, wie beredt dem kundigen: die Sprache.

이 사건들을 전해주는 증인은 없다. 우리 자신의 의식은 그것들을 이해하는 데 필요한 기반을 제공하지 않는다. 다만 한 가지 증거가 우리에게 남겨져 있는데, 배우지 못한 자에게는 아무것도 말하지 않지만 배운 자에게는 참으로 많은 것을 말해준다. 그것은 바로 언어다.

— 헤르만 우제너Hermann Usener

Der Schematismus der Verstandesbegriffe ist ······ ein Augenblick in welchem Metaphysik und Physik beide Ufer zugleich berühren Styx interfusa.

지성 개념들의 도식론은 (······) 형이상학과 자연학의 양안兩岸이 동시에 '그 사이로 내리쏟아지는 스틱스 강Styx interfusa'을 만나는 순간이다.

— 임마누엘 칸트

언어의 성사

(1)

1992년에 출판된 프로디^{Paolo Prodi}의 『권력의 성사^{Il sacramento del potere}』는 서양 정치사에서 맹세가 지닌 결정적 중요성에 대해 효과적으로 주의를 환기시킨 바 있다. 맹세는 종교와 정치가 가로지르는 교차점에 놓여 있기 때문에 그러한 '이중 소속' — 프로디에 따르면 이 '이중 소속'이 서양의 그리스도교 문화의 특이성과 생명력을 규정한다(Prodi, 522) — 을 증언하는 것이다. 뿐만 아니라 맹세는 사실상 '서양의 역사에서 정치적 약속^{pact}의 기초'(같은 책, 11)이기도 한데, 바로 이러한 진단이 프로디의 책의 출발점이 되고 있다. 그래서 그리스도교 초창기부터 서임권 투쟁[1]에 이르기까지, 중세 말의 '코뮌'('맹세로 맺어진 결사')

---

[1] 11세기말과 12세기 초에 교황과 신성로마제국 황제가 벌인 권력투쟁. 평신도가 주교와 대수도원장을 임명하는 것과 관련해 벌어진 논쟁으로 시작되었다.

에서 근대 국가의 형성에 이르기까지 그러한 약속이 위기에 처하거나 다양한 형태로 부활할 때면 언제나 맹세의 역할이 뚜렷했음을 알 수 있다. 그것의 중심 기능을 쭉 연구하다 보면 우리 시대에 거스를 수 없는 대세가 된 맹세의 쇠퇴는 오로지 (프로디에 따르면) '정치적 동물로서의 인간의 존재 자체가 걸린 위기'(같은 곳)에 상당하는 것일 수밖에 없다는 사실을 확인할 수 있다. 만일 오늘날 우리가 "과거로부터 전승된 일정한 형식들과 전례서들이 현존하고 있음에도 (……) 어떤 정치 조직과의 엄숙하고 절대적이며 신성하게 고정된 결합으로서의 맹세와 무관한 집단생활을 하는 최초의 세대"라면 이는 비록 스스로 의식하고 있지는 못할지라도 우리가 '모종의 새로운 정치적 결사'(같은 곳)의 문턱 위에 놓여있음을 의미한다. 그리고 우리는 그러한 현실과 의미를 아직 깨닫지 못하고 있는 것이다.

'서양 헌정사에서의 정치적 맹세Il giuramento politico nella storia costituzionale dell'Occidente'라는 이 책의 부제에 암묵적으로 드러나고 있듯이 프로디의 책은 역사학적 연구서이다. 그리고 그러한 연구들이 항상 그렇듯이 이 책의 저자는 자신이 '맹세라는 사건의 초역사적인 불변의 핵심'(같은 책, 22)이라고 규정하는 것의 문제를 스스로에게 제기하지 않는다. 따라서, 서론에서 별다른 설명 없이 곧바로 언급되는 '인류학적인 관점'에서의 정의는 '인류학적인 것'이라고는 하나 사실상 법사학자, 종교사학자 및 언어학자들이 지금까지 해온 연구들의 진부한 내용들을 반복한 것에 지나지 않는다. 어떤 현상이나 제도가 여러 분야나 분과학문의 교차로에 놓이게 될 때면 종종 있는 일이지만 어느 분야도 그에 대한 고유한 권리를 주장할 수 없으며, 종합을 위한 시도 또한 (그것의 복잡성, 기원 및 전반적인 시의성을 목표로 삼는다고 하지만) 엄청난 양의 개별 연구들 앞에서는 종종 야심을 거두게 된다. 하지만 개별 분과학문의 연구 성과를 취사선택해서 모아놓은 것이 과학적으로 미덥게 보일 리도 없고 또 '인간에 대한 일반 과학' 모델이 요즘에는 한동안 인기가 없었으므로 본서는 맹세의 기원에 대한 연구보다는 차라리 맹세에 대한 철학적 고고학을 제안한다.

프로디의 연구 같은 역사학적 연구의 관심사(그러한 관심사는, 참된 역사학적 연구라면 다 해당되는 이야기지만, 현재를 의문에 부치지 않으면 안 된다)와 언어학, 법사학 및 종교사학의 연구 성과들을 집대성하는 지금 여기에서의 쟁점은 무엇보다도 다음과 같은 물음이다. 즉 맹세란 무엇인가? 만약 맹세가 정치적 동물로서의 인간 자체를 규정하고 의문에 부치는 것이라면 과연 맹세에 무엇이 걸려있기에 그러한 것일까? 만약 맹세가 정치권력의 성사聖事라면 그 구조와 역사 속의 무엇이 과연 맹세에 그러한 기능이 부여되도록 해준 것일까? 어떠한 인간학적 층위 — 어느 의미로 보나 결정적인 층위 — 가 안에 함축되어 있기에 산 자와 죽은 자를 막론하고 모든 인간이 이 층위 안에서 그리고 이 층위에 의해 해명될 수 있는 것일까?

(2)

정치 조직의 수립에 있어 맹세가 본질적으로 어떤 기능을 하는지는 프로디가 본인의 책의 제사로 인용한 리쿠르고스 Lycurgus의 『레오크라테스에 대한 반박』의 한 구절에 명확히 표현되어 있다. "우리의 민주주의를 하나로 묶어주는to synechon 힘은 맹세다"(Lycurgus, 79). 프로디는 신플라톤주의 철학자 히에로클레스Hierocles of Alexandria로부터 또 다른 구절을 인용할 수도 있었을 텐데, 헬레니즘의 황혼기에 히에로클레스는 맹세가 법을 완성하는 원리라고 함으로써 저 같은 맹세의 중심적 역할을 확인해주고 있는 듯하다. "우리는, 법(칙)nomos이란 언제나 일정한 작용인 바 그것을 매개로 신께서는 영원하고도 변함없이 모든 것을 실존케 하신다는 것을 이미 보여준 바 있다. 그러므로 이러한 법(칙)에 따라 모든 사물(사태)을 동일한 상태로 보존하며 diatērousan 그것들을 안정시키는 것을 우리는 맹세horkos2)라고 이른다. 말하자면 사물(사태)들이 맹세라는 보증 속에 있으면서 법(칙)의 질서를 유지하기 때문에 창조 질서의 변함없는 안정성은 곧 창조 법(칙)의 완성인 셈인 것이다"(Hirzel, 74; Aujoulat, 109~110도 참조). 이 두 구절에서 맹세의 기능을 표현하는 단어들에 주의를 기울일 필요가 있다. 리쿠르고스에게나 히에로클레스

---

2) *horkos*: (G) 맹세, 서약, 약정.

에게나 맹세는 어떤 것도 창조하지 않고 어떤 것도 낳지 않지만 다른 무언가(이것은 히에로클레스에게는 곧 법이고 리쿠르고스에게는 시민이거나 입법자이다)가 낳은 것을 하나로 묶어주고synechō 보존해주는diatēreō 것이다.

로마의 법 문화에서 비롯되어 우리에게까지 전해 내려온 이 제도에 관한 기본 텍스트라고 프로디가 생각하는 것이 바로 키케로의 『의무에 관하여』인데, 이 텍스트의 한 구절(3. 29. 10)을 보면 맹세에 유사한 기능이 할당되는 듯하다. 『의무에 관하여』에서 키케로는 맹세를 다음과 같이 규정하고 있다.

Sed in iure iurando non qui metus sed quae vis sit, debet intellegi; est enim iusiurandum affirmatio religiosa; quod autem affirmate quasi deo teste promiseris id tenendum est. Iam enim non ad iram deorum quae nulla est, sed ad iustitiam et ad fidem pertinet.

하지만 맹세를 하는 데 있어 우리의 의무는 맹세를 위반할 경우 우리가 두려워해야 할 대상이 무엇이냐가 아니라 그에 따르는 책임의 소재가 어디냐를 고려하는 것이다. 맹세란 종교적 신성함의 뒷받침을 받는 확언assurance이며 우리의 증인되시는 신 앞에서 행한 엄숙한 약속은 성스럽게 지켜져야만 한다. 그러므로 문제는 더 이상 신들의 진노에 관한 것이 아니라(왜냐하면 그와 같은 것은 없기 때문이다) 의로움과 신의에 따르는 책임에 관한 것이다.

이 구절에서 '*affirmatio*'[3)]는 단순히 소리 내어 말하는 것만을 가리키는 것이 아니라 확인하고 보장하는 것을 가리킨다('affirmate ······ promiseris'라고 이어지는 구절은 동일한 관념을 재확인하는 것에 불과하다. '맹세라는 엄숙하고 확고한 형식으로 네가 약속한 것'). 그리고 처음에 "성사에서는 그것이 산출하는 위험이라기보다는 고유한 효력^{vis}[4])을 고려하는 것이 중요하다"라고 쓰면서 키케로가 주목하는 것이 바로 이러한 안정과 보증의 기능인바, 이 '*vis*'가 어디에서 나오는가 하는 문제에 대한 답은, 키케로에 따르면, 맹세에서 관건이 되는 '*fides*'[5])의 어원상의 정의에 명확히 나타난다: *quia fiat quod dictum est appelatam fidem*[6])(같은 책, 1. 23).

우리는 벤베니스트$^{Émile\ Benveniste}$가 「고대 그리스의 맹세의 표현」이라는 논문(1948년) 서두에서 맹세의 기능을 규정했던 단어들을 바로 이렇듯 특수한 의미에서의 '*vis*'를 염두에 두고 읽지 않으면 안 된다.

> (맹세는) 문법상 특수한 선언법$^{modality\ of\ assertion}$으로서, 지지하고 보증하며 증명하지만 아무것도 정초하지는 않는다. 개인적 맹세건 집단적 맹세건 간에 맹세의 존재 이유는 오로지 어떤 약속, 협정, 선언을 다짐하고 엄숙하게 만들어주는 데 있다. 맹세는 유의미한 내용을 지니

---

3) *affirmatio*: (L) 선언, 단언, 확언, 주장, 긍정; 확인, 보증.
4) *vis*: (L) 힘, 권력, 정력, 폭력; 뜻, 의미; 효력, 효과, 효험.
5) *fides*: (L) 믿음, 신뢰, 신임; 신용, 신의; 충실, 성실, 진실함; 약속(이행), 보증, 보장, 보호; 담보, 인질.
6) "신의*fidem*라 함은 약속되는 것이 이루어지기*fiat* 때문에 그렇게 불린다."

지만 혼자서는 아무것도 표현하지 않는 발화 행위를 예비하거나 완결한다. 그것은 사실상 **구두로 이루어지는 의식**(儀式)으로서 종종 몸으로 이루어지는 다양한 형식의 의식으로 완성된다. 맹세의 기능은 산출된 선언affirmation에 있는 것이 아니라 맹세로 소리 내어 입 밖으로 나온 말과 발동되는 힘potency 사이에 수립되는 관계에 있다(Benveniste [1], 81~82).

맹세는 진술 일반에 관한 것이 아니라 그 효력의 보증에 관한 것이다. 언어 일반의 기호론적 내지는 인지적 기능이 아니라 그것의 진실함과 그것의 실현에 대한 보증이 관건인 것이다.

(3)

맹세의 형식은 다양할지언정 주된 기능이 언어의 진실과 효력을 보증하는 것이라는 점은 모든 고전과 학자들의 일치된 견해인 듯하다. 예를 들어 필론Philo of Alexandria은 이렇게 쓰고 있다. "요즘 사람들은 신의를 얻기 위해 맹세에 호소하지만 다른 사람들은 그러한 맹세를 믿을 수 없는(apistoumenoi − 'pistis'[7]), 곧

[7) *pistis*: (G) 믿음, 신의; 충실, 성실, 진실함; 신용, 신임, 보장, 보증; 서약, 약조; 인질, 담보; 논증, 증거.

'진실함'이 결여되어 있는) 것으로 여긴다"(Philo of Alexandria[2], 93). 그리고 이러한 기능은 인간 사회에 없어서는 안 될 것처럼 보이는데, 그래서 복음서에서는 모든 형식의 맹세를 분명히 금지하고 있음에도(「마태오 복음서」, 5장 33~37절[8]; 「야고보 서간」, 5장 12절[9]) 교회는 맹세를 승인하고 또 성문화하기까지 했던 것이다. 이로써 맹세는 우리 사법 체계의 본질적 부분이 되었고, 저렇게 해서 그리스도교 세계의 법과 관습 속에서 합법적으로 유지되고 또 점차로 확장되었던 것이다. 그리고 푸펜도르프 Samuel Pufendorf는 『자연법과 국제법에 관하여』에서 유럽 법학의 전통을 집대성하면서 무엇보다도 사람들 사이의 약속과 협정뿐만 아니라 일반적으로는 언어 자체를 보증하고 확인하는 기능에서 맹세의 필연성과 정통성을 규명하고 있다.

우리는 계속해서 맹세의 본성을 검토해서 밝히는바, 그것은 우리의 담화와, 조금이라도 말에 의존하는$^{sermoni\ concipitur}$ 우리의 모든 행동에

---

[8] "'거짓맹세를 해서는 안 된다. 네가 맹세한 대로 주님께 해 드려라'하고 옛사람들에게 이르신 말씀을 너희는 또 들었다. 그러나 나는 너희에게 말한다. 아예 맹세하지 마라. 하늘을 두고도 맹세하지 마라. 하느님의 옥좌이기 때문이다. 땅을 두고도 맹세하지 마라. 그분의 발판이기 때문이다. 예루살렘을 두고도 맹세하지 마라. 위대하신 임금님의 도성이기 때문이다. 네 머리를 두고도 맹세하지 마라. 네가 머리카락 하나라도 희거나 검게 할 수 없기 때문이다. 너희는 말할 때에 '예' 할 것은 '예' 하고, '아니요' 할 것은 '아니요'라고만 하여라. 그 이상의 것은 악에서 나오는 것이다."
[9] "나의 형제 여러분, 무엇보다도 맹세하지 마십시오 하늘을 두고도, 땅을 두고도, 그 밖의 무엇을 두고도 맹세하지 마십시오 여러분은 '예' 할 것은 '예' 하고 '아니요' 할 것은 '아니요'라고만 하십시오 그래야 심판을 받지 않을 것입니다."

커다란 힘과 확증^{firmamentum}을 더해주는 것으로 판단된다. 이에 대해서는 지금까지 아주 적절하고도 알맞게 다루었는지도 모르지만 그럼에도 불구하고 이제부터 약속과 계약의 집행을 설명하면서 다름 아닌 바로 이 자리를 할애해 그 문제를 아울러 다루고자 한다. 맹세의 관습은 계약뿐만이 아니라 말 자체의 확립과 보증을 위해서도 활용되기 때문이다$^{quod\ iureiurando\ non\ pacta\ solum,\ sed\ et\ simplex\ sermo\ soleat\ confirmari}$"(Pufendorf, 326/333).

몇 페이지 뒤에서 푸펜도르프는 맹세의 보증이 지닌 보조적 성격을 확인하는데, 그러한 보조적 성격이란 맹세의 보증이 어떤 선언이나 약속을 확인하는 것인 한 말을 전제할 뿐만 아니라 그것이 약속의 맹세인 경우에는 책임의 선언을 전제한다는 것이다. "맹세는 저절로 새롭고 고유한 어떤 책임을 산출하지는 않으며, 다만 사실상 유효한 이전의 책임에 부가적으로 따르는 보증$^{velut\ accessorium\ quoddam\ vinculum}$으로서 적용된다"(같은 책, 333/339).

그렇다면 맹세란 어떤 유의미한 발언(곧 'dictum'[10])의 확인을 목표로 하는 언어 행위인 듯하다. 곧 맹세는 발언의 진실성이나 유효성을 보증하는 것이다. 이러한 정의는 맹세와 그것의 의미론적 내용을 구별하는데, 그것의 타당성과 함의는 검증될 필요가 있다.

---

10) *dictum*: (L) 말, 발언; 격언, 금언; 명령; 약속.

(*)

　　맹세의 성격이 (비록 오른손을 올리는 것과 같이 몸짓을 동반할 수 있을지라도) 본질적으로 말의 형태를 띤다는 점에 대해서는 레비-브륄Lucien Lévy-Bruhl에서 벤베니스트에 이르기까지, 로로Nicole Loraux에서 토리첼리P. Torricelli에 이르기까지 대다수 학자들 사이에서 이견이 없다. 이러한 발언dictum의 성격에 관해 통상 선언의 맹세와 약속의 맹세를 구별하는데, 전자가 과거의 약속에 관한 (그러므로 선언을 확인하는) 것인 반면 후자는 미래의 행동에 관한 (그러므로 약속을 확인하는) 것이다. 그러한 구분은 이미 세르비우스Servius에서 명확하게 언급되고 있다(『아이네이스』, 12. 816: Iuro tunc dici debere cum confirmamus aliquid aut promittimus[11]). 하지만 홉스Thomas Hobbes는 이 두 가지 형식의 맹세를 하나의 단일 유형으로, 본질적으로는 약속의 맹세로 환원하고 있는데 그다지 틀린 말은 아니다: *Neque obstat, quad iusiurandum non solum promissorium, sed aliquando affirmatorium dici possit: nam qui affirmationem iuramento confirmat, promittit se vera respondere*[12](『시민론』, 2. 20/On the Citizen, 41). 사실상 그러한 차이는 맹세의 작용

---

[11] "이와 같이 우리가 무언가를 확인하거나 어떤 약속을 할 때는 '나는 맹세한다'는 말이 반드시 따랐다."
[12] "때때로 어떤 맹세는 약속하는promissorium 것이 아니라 선언하는affirmatorium 것이라고 말해질 수 있다는 점에는 이의가 없다. 그러니까 맹세라는 수단으로 어떤 선언을 다짐하면서 그는 자신이 진실로 응답하고 있음을 선언하는 것이다."

(이는 두 경우 모두 동일하다)에 관한 것이 아니라 이러한 발언^{dictum}의 의미론적 내용에 관한 것이다.

(4)

뒤메질$^{Georges\ Dumézil}$은 인도유럽어족에 속하는 민족들의 서사시를 연구함으로써 세 가지 사회적 기능들에 대한 이데올로기를 재구성한 바 있다. 이 책 말미에서 그는 켈트어, 이란어, 베다어 텍스트 등을 검토하면서 세 가지 사회적 기능에 각각 세 가지 악惡 또는 '재앙^{fléaux}'을 대응시킨다. 말하자면 인도유럽어족 사회의 '기능적 재앙들'이 문제인 셈인데, 그것들은 각각 세 개의 기본적 범주 또는 기능들, 즉 사제, 군인, 농민(요즘 식으로 말하자면 종교, 전쟁, 경제) 가운데 하나를 위협하는 것들이다. 그가 검토하고 있는 두 개의 켈트어 텍스트 중 하나에서는 사제 기능에 대응하는 재앙이 '구두 계약의 분해^{dissolution}', 즉 어떤 이가 떠맡은 책임을 거부하거나 부정하는 것으로 규정되어 있다(Duméezil [1], 616). 이란어 텍스트와 베다어 텍스트 또한 이 재앙을 유사한 술어로 제시하고 있는데, 곧 자신이 한 말에 대한 불성실, 엄격한 형식을 갖춘 정형구문으로 행해지는 거짓말 또는 잘못이라고 말하고 있다.

'인도유럽어족 사회의 재앙'은 자신이 한 말에 대한 위반,

보다 일반적으로는 말 자체 속에 내재하는 거짓말의 가능성이라는 형태를 띠는데, 혹자는 맹세가 이러한 '재앙'에 대한 교정 수단이라고 생각할 수도 있을 것이다. 하지만 맹세만으로 그러한 재앙을 막기에는 역부족이다. 『분열된 도시국가』라는 책을 쓴 로로는 이 책의 '맹세, 불화의 산물'이라는 제목의 장에서 헤시오도스의 『신들의 계보^{Theogonia}』의 한 구절(『신들의 계보』, 231~232)에 상당한 지면을 할애하고 있는데, 여기서 맹세는 부정적으로, 즉 거짓맹세^{perjury}의 가능성을 통해서만 규정된다. "마치 전자[맹세]의 목적은 오로지 후자[거짓맹세]를 처벌하는 데만 있으며 오로지 맹세를 깨뜨리는 자들(그들은 맹세 자체의 산물이다) 때문에 그렇듯 끔찍한 저주의 형태로 만들어진 것처럼"(Loraux, 121~122/123) 규정되는 것이다. 종교적 결합이 어느 때보다 강력했을 것으로 추정되는 고대에서도 이미 맹세는 본질적으로 거짓맹세의 가능성을 내포했고 (로로가 시사하는 바와 같이) 그것의 목적은 역설적이게도 거짓말을 방지하기 위한 것이 아니라 거짓맹세와 싸우기 위한 것처럼 보인다. 거짓맹세를 뜻하는 그리스어 '*epiorkos*'의 어원(이에 대해서는 학자들 사이에서 논쟁이 끊이지 않고 있다)을 어떻게 이해하든, 고대 및 고전 그리스에서는 이 점이 당연하게 여겨졌음이 확실하다. 때문에 투키디데스는 내전의 희생물이 된 도시국가들에 대해 서술하면서 '사람들을 화해시키기에 충분할 만큼 구속력 있는 보증, 그러기에 충분할 만큼 무시무시한 맹세'(3. 83)가 이제는 없어져버렸다고 썼던 것이다. 뿐만 아니라 그리스인들(특히 스파르타인들)의 거짓맹세

성향은 평화 시에도 유명했다. 그래서 플라톤은 소송 당사자들에게 맹세를 요구하는 일을 하지 말라고 권고한다. 맹세를 요구하면 결국 드러나는 것은 시민들 중 절반이 거짓맹세자라는 사실일 것이기 때문이다(『법률』, 12. 948e). 또한 기원전 3세기경 스토아학파의 창시자들이 맹세를 하는 자가 맹세를 소리 내어 말하는 순간에 그것을 지키지 않을 의도가 있다는 것만으로도 거짓맹세라 하기에 충분한지(이는 클레안테스Cleanthes의 의견이다) 아니면 (크리시포스Chrysippus가 주장했던 것처럼) 자신이 약속했던 것을 완수하는 않았다는 점이 거짓맹세를 규정하는 데 필수적인지를 토론하고 있었다는 점은 의미심장하다(Hirzel, 75; Plescia, 84도 보라). 모든 증거를 종합해보면 맹세는 어떤 구두 계약이나 약속에 대한 보증으로서는 애당초 그러한 임무에는 전혀 부적합했던 것처럼 보이며, 차라리 거짓말에 대해 단순히 불이익을 주는 것이 분명히 더 효과적이었을 것이다. 맹세는 '인도유럽어족 사회의 재앙'에 대한 교정 수단이 되어주기는커녕 재앙 자체가 거짓맹세라는 형태로 맹세 자체에 내장되어 있는 것이다.

그렇다면 맹세에서 원래 중요했던 것은 어떤 약속의 보증 또는 어떤 선언의 진실성에 대한 보증이라고 할 수 있을 뿐만 아니라 오늘날 우리가 그러한 이름으로 알고 있는 이 제도는 보다 더 원시적 단계(이 단계에서 맹세의 관심사는 인간의 언어 자체의 견고함consistency과 '말하는 동물'로서의 인간의 본성 자체였다)의 기억을 담고 있다고도 할 수 있다. 맹세가 방지해야만 했던 '재앙'은 (자기가 한 말에 끝까지 충실할 수 없는) 인간의 신뢰 불가능성이었을 뿐만 아니라 언어 자체에 관련된 약점, 즉 사물(사태)을 지시하는 말들 자체의 자질과 말하는 존재자로서의 자신의 조건을 고백하는 인간의 능력에 관련된 약점이었던 것이다.

(∗)

로로가 헤시오도스에게서 인용하는 구절은 『신들의 계보』, 231~232행에 나온다. "맹세^{horkos}는, 누군가 알고도 거짓맹세를 했을 때는 곧 지상의 인간들에게 가장 큰 재앙을 끼치는 것이다." 『신들의 계보』(775~806행)에서는 스틱스^{Styx}의 강이 일관되게 '신들의 위대한 맹세$^{theōn\ megan\ horkon}$'로 묘사되는데, 이 경우에서도 그것들은 '신들에게 큰 재앙$^{mega\ pēma\ theoisin}$'으로 기능한다. 그 결과 "불사신들 중에 누구든 그녀〔스틱스〕에게서 나온 헌주를 따른 후 거짓맹세를 하면 일 년이 다 차도록 숨도 쉬지 못하고 누워만 있다. (……) 그리고 그가 일 년 동안 이 고통을 다 겪고 나면 바로 뒤에 또 다른 시련이, 훨씬 더 큰 시련이 이어진다. 9년 동안 그는 영생하는 신들과 함께 하는 자리에서 격리되어, 9년 내내 신들의 모임이나 잔치에서 그들과 어울리지 못한다."

하지만 맹세와 거짓맹세를 연관시켜 생각하는 것은 맨 처음부터 본질적이었던 듯하다. 그래서 고전들은 참다운 '맹세의 기술' ― 호메로스에 따르면, 이 점에 있어서는 아우톨리코스

Autolycus가 아주 뛰어났다(『오디세이아』, 19. 394) — 에 대해 말하고 있는 것이다. 그러한 기술은 말재주 덕분에 맹세를 받은 사람이 이해하는 내용과는 다른 내용을 가리킬 수도 있는 맹세를 소리 내어 말하는 데 있었다. 플라톤은 호메로스가 "오디세우스의 외조부 아우톨리코스를 칭찬하면서 그가 '맹세와 도둑질에서^{kleptosynēi th' horkoi te} 누구보다도 뛰어났다'고 말합니다"(『국가』, 334b)라고 논평하는데, 이러한 논평은 바로 저러한 맥락에서 이해해야 할 것이다.

(5)

지금 이 책에서 제시된 것과 같은 고고학적 연구에서 문제가 되고 있는 '*arché*'[13)]를 어떻게 이해해야 할까? 20세기 전반기까지만 해도 인간과학에서 저러한 연구 패러다임을 정교하게 만든 것은 언어학과 비교문법학이었다. 순전히 언어학적인 분석을 통해 인간 역사의 보다 더 원시적 단계로 거슬러 올라갈 수 있다는 생각은 19세기 말엽 우제너^{Hermann Usener}의 저서 『신들의 이름^{Götternamen}』에서 제시되었다. 이 연구 서두에서 그는 신들의 이름이 어떻게 생겨날 수 있었는지를 물으면서, 그러한

---

13) *arché*: (G) 처음, 시초, 기원; 원인, 운동인, 원리.

물음에 답하기 위해 우리에게 주어진 증거라고는 언어 분석에서 나오는 것들뿐이라고 주장한다(Usener, 5). 하지만 우제너 이전에도 이미 비교문법학이, 뮐러Max Müller로부터 쿤Adalbert Kuhn과 부르누프Émile Burnouf에 이르기까지 19세기 후반 마지막 30년 동안 비교신화학과 종교학의 토대를 마련하고자 했던 학자들의 연구에 영감을 주었다. 서로 관련된 어형語形들의 비교는 역사적으로 확인되지 않는 언어(예를 들어 '*deiwos'나 '*med' 같은 인도유럽 어형들이 그러한 것인데, 언어학자들은 역사적 언어들에서 증거를 찾을 수 있는 말과 그렇지 않은 말을 구별하기 위해 저러한 말들을 가리킬 때는 단어 앞에 관례적으로 별표를 붙인다)의 단계들로 거슬러 올라가는 것을 가능하게 해주었는데, 그렇다면 사회 제도들의 경우에도 달리는 접근이 불가능한 역사 단계들로 어원학과 의미 분석을 통해 거슬러 올라가는 것이 안 될 리 없었다.

이러한 의미에서 뒤메질은 인도유럽어족의 언어들에 대한 비교문법학에 빚지고 있음을 선언하면서 자신의 연구를 '철학자가 아닌 역사가의' 연구, '지성에 의해 도달될 수 있는 가장 오래된 역사, 역사의 최말단을 다루는(de la plus vieille histoire et de la frange d'ultra-histoire) 역사가의'(Dumézil [2], 14) 연구라고 규정할 수 있었던 것이다. 그렇다면 여기서 이 역사가가 도달하려고 하는 '역사의 최말단'의 토대는 인도유럽어와 이 말을 사용하는 민족의 존재와 운명을 같이하는 것이다. 그것은 존재한다. 그것은 어떤 인도유럽 어형이 존재한다고 했을 때와 같은 의미와 같은 정도로 존재하는 것이다. 하지만 이러한 어형들

각각은, 엄밀히 말하자면, 역사적 언어로 현존하는 어형들과의 대응 관계를 표현하는 알고리듬에 불과하다. 우리가 인도유럽어라고 부르는 것은, 메예$^{Antoine Meillet}$의 말을 빌자면, "x라는 장소에서 x라는 사람들에 의해 사용되는 x라는 언어를 전제하는 (……) 이러한 대응 관계들의 총체"(Meillet, 324)에 불과하며, 여기서 'x'는 그저 '미지의'(같은 곳) 것임을 나타낼 뿐이다. 자기만의 특유한 기록물을 산출하는 역사 연구의 폐단^{monstrum}을 정당화하려는 것이 아니라면 역사적으로 일어났다고 추정되는 어떤 사건을 인도유럽어로부터 추론해내는 것은 절대 불가능할 것이다. 이런 이유에서 뒤메질의 방법은 19세기 말의 비교신화학에 대한 중대한 발전을 나타내는 것이었다. 하지만 1950년경 당시 뒤메질은 세 가지 기능들(사제, 군인, 양치기 혹은 현대적인 용어로 종교, 전쟁, 경제)의 이데올로기가 "이 사회의 3분할을 이 사회의 존속 기간 동안 인도 모형 그대로 **현실**에서 반드시 동반했던 것은 아니며", 그것은 차라리, 정확히 말해 어떤 '이데올로기', 그러니까 '세상의 흐름과 사람들의 삶을 규제하는 힘들을 분석하고 해석하는 하나의 이념이자 방식'을 표상하는 것이었음을 인정했다(Dumézil [1], 15).

마찬가지로 벤베니스트도 『인도유럽어와 그 사회$^{Le\ vocabulaire\ des\ institutions\ indo-européennes}$』(1969)를 출간했을 때 그 서문에서 자신의 분석에는 '언어 외적인 전제들이 전혀 끼어들어 있지 않다'(Benveniste [2], 1: 10/12)고 선언했지만 이때 그가 '인도유럽적 제도'라고 부르는 것의 인식론적 장소^{locus}와 역사적 토대를 우리가 어떻게 이해해야 할지는 그리 분명한 것이 아니었다.

우리가 여기서 할 수 있는 한 온전히 규정해야만 하는 것은 고고학이 도달하기 바랄 수 있는 '가장 오래된 역사'와 '역사의 최말단'의 성격과 토대이다. 고고학이 최종적으로 도달하려고 하는 '*arché*'가 결코 어떤 소여^{所與}, 즉 어떤 연대기(나아가 '선사^{先史}' 같은 넓은 범주)나 심지어는 그것을 넘어 시간을 초월한 초역사적 구조(이를테면, 뒤메질이 반어적으로 시사하는 유인원의 신경세포체계) 속에 위치시킬 수 있는 어떤 것으로 볼 수 없다는 점은 분명하다. 그것은 차라리 역사 속에서 작동하는 어떤 힘이다. 이는 마치 인도유럽어가 무엇보다도 역사적으로 접근 가능한 언어들 사이의 동족 관계 체계를 표현하는 것과 같고, 정신분석학에서 아동기가 성인기의 정신에 지속적으로 영향을 미치는 힘을 표현하는 것과 같으며, 우주 발생의 원인으로 추정되는 '빅뱅'이 아직까지도 끊임없이 배경 복사를 우리에게 전달하고 있는 것을 표현하는 것과 같다. 하지만 천체 물리학자들이 (비록 수백만 년의 단위일지언정) 해당 시점을 추정할 수 있다고 주장하는 '빅뱅'과는 달리 '*arché*'는 어떤 소여, 실체, 사건이 아니라 인류발생^{anthropogenesis}과 현재 사이에, 역사의 바깥^{ultrahistory}과 역사 사이에 펼쳐져 있는 역사적 흐름의 장이다. 그래서 인류발생과 마찬가지로, 반드시 전제되어야 하지만 어떤 연대기 속의 사건으로 실체화될 수는 없는 어떤 것인 한 이 '*arché*'는 결국 역사적 현상들을 지성으로 파악할 수 있게 해주는 것이다.

따라서 고고학적으로 맹세를 탐구한다는 것은 곧, 사료 — 그것의 범위는 그리스·로마 세계에 한정될 것이다 — 에 대한 분석 방향을 인류발생과 현재 사이에 펼쳐진 'arché' 쪽으로 잡아 나아가는 것이 될 것이다. 나의 가설은 우리가 '맹세'라는 말로 가리키는 (법적이기도 하고 종교적이기도 한) 이 수수께끼 같은 제도는 말하는 존재자이자 정치적 동물로서의 인간의 본성 자체를 의문에 부치는 전망 속에 놓일 때에만 지성에 의해 파악될 수 있다는 것이며, 그렇기 때문에 맹세의 고고학이 오늘날의 관심사인 것이다. 인류발생과 같은 역사의 바깥은 사실 일거에 완성되었다고 볼 수 없는 사건이다. 그것은 항상 진행 중이다. 왜냐하면 '이성의 인간$^{Homo\ sapiens}$'은 아직까지도 계속 인간이 되고 있고 언어로의 진입과 말하는 존재로서의 자신의 본성에 대한 맹세를 어쩌면 아직도 계속하고 있기 때문이다.

(6)

이 연구를 계속해나가기에 앞서, 먼저 고고학이 지성에 의해 도달하고자 하는 저 '가장 오래된 역사' 혹은 '역사의 최말단'에 대한 접근을 방해하는 사전의 오해를 걷어낼 필요가 있을 것이다. 벤베니스트는 앞서 언급한 1948년의 논문에서 처음으로 맹세를 분석한 뒤 『인도유럽어와 그 사회』에서도 맹세를 분석한 바 있는데, 이 분석들을 예시로 취해보자. 이 두 분석 모두에 있어 핵심은 '*horkos*'라는 말의 전통적인 어원 설명 — 전통적인 어원 설명은 '*horkos*'의 유래를 '울타리, 방벽, 띠'를 뜻하는 '*herkos*'에서 찾았다 — 을 폐기하고, 맹세를 나타내는 구체적인 표현인 '*horkon omnymai*'를 '성스러움을 부여하는 물건을 억지로 붙잡다'라는 뜻으로 해석한 것이다. 그러면 '*horkos*'는 '말이나 행위가 아니라 약속에 구속력을 부여하는 사물, 사악한 힘이 부여된 물체'(Benveniste [1], 85~86)를 가리키는 것이 된다. '*horkos*'는 스틱스 강이나 영웅의 홀(笏) 또는 희생제물의 내장 등으로 다양하게 형상화되는 '성스러운 실체'(90)인 것이다. 위대한 고대 그리스 법사학자인 제르네[Louis Gernet]도 벤베니스트의 전철을 밟았는데, 그도 맹세를 소리 내어 말하는 자가 만지게 되는 '성스러운 실체'를 거의 똑같은 말로 묘사하고 있다(Gernet [1], 270/223: "그러므로 맹세한다는 것은 가장 무서운 종류의 종교적 힘들의 영역으로 들어가는 것이다").

19세기 말에 시작된 여러 인간과학에서는 역사적 제도를 설명한다는 것은 곧 필연적으로 신성한, 혹은 주술-종교적 기원이나 맥락으로 거슬러 올라가 유래를 찾는 것이라는 생각이 위세를 떨쳤다. 그리하여 볼락[Jean Bollack]은 벤베니스트에 반대해 '*horkos*'라는 말은 그것의 유래를 이 말이 파생된 어원인 '*herkos*'로 거슬러 올라가 찾을 때만 참된 의미를 알 수 있다는 점을 증명하기 위해 「스틱스와 맹세[Styx et serments]」(1958)라는 논문을 썼던 것이다. 하지만 그는 자신이 반대하고자 한 주장의 본질적 특징을 자신이 그대로 답습하고 있다는 사실은 알아차리지 못했다.

> 맹세는, 말의 주술적 힘을 통해 맹세하는 자를 소환되는 대상 및 (……) 세계와 특수한 관계 속에 놓이게 한다. (……) 소환되는 대상들은 예컨대 화덕처럼 대부분 성역에 속한다. 하지만 천지만물이 널리 성스러움을 부여 받은 세상에서, 증인으로 불리는 대상은 모두 보증자·보호자에서 무서운 힘으로 전환될 수 있다. 인간과 소환된 대상들을 묶어주는 이 특수 관계가 '*horkos*'라는 용어로 규정되는 것처럼 보인다. 그것은 벤베니스트가 생각하는 것처럼 맹세로 소리 내어 말해지는 대상을 지칭하는 것이 아니라 맹세하는 자를 에워싸는 울타리를 지칭하는 것이다(Bollack, 30~31).

여기서 성스러움은 대상에서 관계로 옮겨가지만 설명되고 있는 사실에 있어서는 변함이 없다. 여기에서도 다시 맹세의 힘과 효력은 끊임없이 답습되어온 패러다임을 그대로 따라, 그것이 원래 속하고 또 가장 원시적인 것으로 전제되는 주술-종교적 '힘'들의 영역에서 발견되는 것이다. 다시 말해 그러한 힘과 효력들은 이 영역에서 나오는 것이며, 그렇기 때문에 종교적 믿음의 쇠퇴와 더불어 쇠퇴한다는 것이다. 여기에서는 우리가 익히 알고 있는 역사적 인간 앞에는 '종교의 인간$^{homo\ religiosus}$'이 있었다고 전제된다. 하지만 이 '종교의 인간'은 학자들의 상상 속에서만 존재하는 것이다. 왜냐하면 지금까지 보았듯이 우리가 활용할 수 있는 모든 고전들은 종교적이면서도 종교적이지 않은 인간, 맹세에 충실하면서도 거짓맹세도 곧잘 하는 인간을 제시하기 때문이다. 내가 의문에 부치고자 하는 것은 바로 맹세라는 제도에 대한 모든 분석이 갖고 있는 이러한 전제이다.

(*)

'*horkos*'에 관한 벤베니스트의 입론, 즉 '*horkos*'는 '성스러운 실체'라는 입론은, 저자 스스로 이야기하듯이, 뛰어난 유대·기독교 역사학자이기도 했던 고대 그리스·로마 학자 비케르만^{Elias Bickermann}의 한 논문에서 유래한 것이다. 1935년 『유대학 잡지^{Revue des études juives}』에 실린 이 문제의 논문은 그보다 2년 앞서 나온 반 델 레에우^{Gerardus van der Leeuw}의 『종교 현상학』에 대한 비판의 맥락에서, 하나의 방법론적 예시라는 표제 하에서만 맹세를 언급한다. 비케르만이 세우고 있는 방법론적 원리들은 사실상 평범한 문화 구성체를 성찰하는 것이었지만 어쨌든 벤베니스트에게 상당한 영향을 미쳤던 것으로 보인다(비케르만은 1933년부터 파리의 고등연구원École pratique des hautes études 교수를 지냈고, 1942년까지 국립과학연구센터Centre national de la recherche scientifique의 연구 책임자로 일했다. 〔독일의 프랑스 점령 이후인〕 1942년 유대인 출신이라는 제약 때문에 미국으로 망명했는데, 미국에서의 이름은 비커먼Bickerman 이었다. 그는 벤베니스트의 스승이었던 메예의 방법을 노골적으로 참고하고 있다). 변함없는 사실은 비케르만이 제시하는 네 가지 방법론적 원리(종교 현상들을 설명함에 있어 심리학에 대한 의존을 버릴 것, 사실들을 구성 성분 또는 '어근'으로 분해할 것, 성분마다 고유한 기능을 분석할 것, 해당 현상 속에서의 그것들의 기능을 연구할 것)가 벤베니스트에게서도 그대로 발견된다는 점이다. 그러나 다시 한 번 말하지만 비케르만 같이 유능한 학자조차도 한 주(註)에서 자신의 방법을 예시하기 위해 맹세를 검토하면서 성스러움의 원초성이라는 패러다임을 무비판적으로 답습하고 있으며 또 이 패러다임을 나중에 벤베니스트가 거의 그대로 받아들였던 것이다. "때와 장소를 불문하고 목적은 어떤 선언과 어떤 성스러운 것 사이의 관계를 수립하는 것이다. (……) 목표는 어디에서나 변함없이 똑같다. 즉 보증과 성스러운 실체 사이의 관계를 수립하는 것이다"(Bickermann, 220~221/888~889).

(7)

나는 다른 곳(Agamben, 79~89/49~51)에서 이른바 'sacer'[14]라는 말의 양가성에 대해 논하는 한편 19세기 말에서 20세기 초반에 이르는 시기에 종교학과 종교사학에서 정치하게 다듬은

---

14) *sacer*: (L) 신에게 바친, 축성한, 성스러운, 경건한, 엄숙한, 저주받은, 가증스러운.

'성스러움^{sacred}'에 대한 학설과 관련된 미흡함과 모순들을 보여 준 바 있다. 이 '과학적 신화소$^{scientific\ mythologeme}$'는 특히나 까다로운 분야를 다루는 인간과학들의 연구에 부정적인 영향을 미쳤는데, 여기서는 이 과학적 신화소의 확립에 있어 결정적이었던 순간이 '*sacer*'라는 라틴어 개념과 (영국 국교회 선교사였던 코드링턴Robert Henry Codrington이 멜라네시아의 여러 부족들에 대한 연구에서 서술한 바 있는) '마나^{mana}'라는 개념이 만났던 순간이라는 것을 상기하는 것으로 족할 것이다. 이 연구를 세상에 내놓기 14년 전에 이미 코드링턴은 뮐러에게 보낸 한 편지에서 자신의 발견을 알렸고 뮐러는 이 발견을 히베르트 강연에 활용했다. 그리하여 이제 '마나'는 이런 식으로 "무한자, 눈에 보이지 않는 것 또는 이후에 우리가 이를 표현하기 위해 썼던 표현인 '신성$^{the\ Divine}$'이라는 관념이 막연한 형태로나마 가장 하등한 부족들에게도 존재할 수 있다"(Müller, 51)는 것을 나타내는 개념이 되었다. 그 후 이 개념은 미국 인디언들에 대한 민족지적 연구들에서 다양한 이름(이로쿼이족의 '오렌다^{orenda}', 알곤킨족의 '마니투^{manitou}', 다코타족의 '와칸^{wakan}')으로 다시 나타났고, 마침내 매럿$^{Robert\ Marett}$은 『종교의 문턱』(1909)에서 이 보이지 않는 '힘'을 종교적 경험의 중심 범주로 삼기에 이르렀다. 뮐러(그는 이 신생 '과학', 혹은 그가 선호했던 호칭인 종교의 '역사'에 대해 가히 독재라 할 만한 영향력을 행사했다)와 매럿(좀처럼 사라지지 않고 있는 또 다른 과학적 신화소인 애니미즘 개념은 그에게서 비롯된 것이다) 같은 저자들의 종교 이론은 엉성했지만 그럼에도 불구하고 '성스러운 힘 또는 실체'라는 관념은 양가적이고 애매하고 막연한 만큼이나 끔찍한 영향력을 행사했다. 그리하여 이 관념은 뒤르켐, 프로이트, 오토$^{Rudolf\ Otto}$, 모스$^{Marcel\ Mauss}$에게뿐만 아니라 20세기 언어학 최고의 걸작인 벤베니스트의 『인도유럽어와 그 사회』에도 영향력을 미쳤으며, 나중에는 종교 현상의 근본 범주가 되었던 것이다.

'마나'와 같은 말들의 의미 문제가 전적으로 새로운 기반 위에 놓이기 위해서는 레비스트로스$^{Claude\ Levi-Strauss}$의 1950년의 논문을 기다려야만 했다. 인상적인 한 대목에서 레비스트로스는 용법을 설명할 수 없는 미지의 사물이나 사람을 가리키기 위해 사용되는 '*truc*'이나 '*machin*'15) 같은 프랑스어의 일상적 표현들을 이 말들과 연관시켰다. '마나', '오렌다', '마니투'는 종교와 관련된 성스러운 실체나 사회적 감정 따위를 가리키는 것이 아니라 의미의 공백이나 막연한 의미값을 가리키는 것으로, 이는 무엇보다도 그것을 사용하는 학자들 자신들에 대해 적용된다.

그러나 언제 어디서나 저 같은 유형의 개념들은 뭐랄까, 마치 대수 기호들처럼 그 자체로는 의미가 결여되어 있어 어떤 의미라도 쉽사리 받아들일 수 있는 막연한 의미값을 표상하기 위해 등장한다. 그러한 개념들의 유일한 기능은 기표와 기의 사이의 빈틈을 메우는 것, 보다

---

15) '*truc*'과 '*machin*'은 둘 다 '거시기', '아무개' 등의 의미를 지니는 말로서 영어의 'thingamajig'와 'thingamabob'도 이러한 유형에 속한다.

정확히 말하자면 그러한 상황, 그러한 경우, 혹은 그처럼 그러한 개념들 중 하나가 출현할 때 기표와 기의 사이에 부등가 관계가 수립된다는 사실을 표시하는 것이다(Lévi-Strauss, xliv/55~56).

레비스트로스는 '마나' 개념이 진정으로 신비롭거나 비밀스러운 힘의 성격을 띠는 장소가 있다면 그것은 무엇보다도 학자들의 사유 속에서라고 부언한다. "진짜 '마나'는 거기에서의 '마나'이다"(같은 곳, xlv/57). 19세기 말 유럽의 종교는 외면적으로 봤을 때 모든 면에서, 적어도 종교의 역사를 수집하고 종교의 과학을 수립하려고 했던 사람들에게는 아주 낯설고 해독 불가능한 것이 되어버려서 결국 그들은 그들 자신의 전통 속에서보다는 오히려 미개인들 속에서 그에 대한 해독의 열쇠를 찾아야만 했다. 하지만 그러한 미개인들은 거울에 비친 것처럼 이 학자들이 그들에게 투사했던 대로의 엉뚱하고 모순적인 이미지로 되돌아올 수밖에 없었다.

(*)

레비스트로스는 기의와 기표 사이의 필연적인 단절을 논하는 과정에서 뮐러의 이론을 받아들여 새로운 방식으로 발전시키고 있다. 뮐러는 신화 속에서 언어로 인해 야기되는 일종의 의식의 '질환'을 보았다. 뮐러에 따르면 신화적·종교적 개념들의 기원은 언어가 사유에 행사하는 영향 속에서 찾아져야만 하는데, 왜냐하면 언어 속에서는 온갖 종류의 동원어同源語들, 다의성, 모호성이 필연적으로 나타나기 때문이다. 그는 다음과 같이 쓰고 있다. 신화는 "사실상 언어가 신화에 투영하는 어두운 그림자로서 언어와 사유가 완전히 일치한다면 사라질 수도 있겠지만 그런 일은 결코 일어나지 않을 것이다"(Cassirer, 4/5).

(8)

지금까지 서술한 이 과학적 신화소에는 또 다른 특징이 있다. 이는 사실 이 과학적 신화소의 본질적 특징 중의 하나인데, 바로 성스러움과 종교의 영역 — 주술의 영역과 대체로 겹치기 때문에 '주술-종교적' 영역이라고 부르게 되었는데, 이는 결국 혼란만 가중시켰다 — 은 가장 원시적 시기와 때를 같이 해 생겨난 것이므로 인간과학 제 분야의 역사 연구를 통해 조심스럽게 복원 시도가 이루어질 수 있다는 관념이 그것이다. 하지만 간단한 텍스트 분석만으로도 그것이 자기 고유의 연구 분야에서 자료상의 한계나 문턱에 이른 학자가 설정한 자의적인 전제임이 드러난다. 마치 오버베크Franz Overbeck가 '선사'라 일컫고 뒤메질이 '역사의 최말단'이라고 일컬은 것으로 나아가는 것에는 주술-종교적 성분으로의 맹목적 비약이 필연적으로 내포되어 있기라도 했던 것처럼 말이다. 그것은 역사가들의 끈기 있는 노력으로도 규정될 수 없는 미지의 영역^{terra incognita}에 학자가 (얼마간은 의식적으로) 부여하는 이름에 지나지 않은 것이다. 법의 영역을 예로 들면 종교적 영역과 세속적 영역의 구별이 그러한 것일 텐데, 적어도 역사 시대에서는 그처럼 변별적인 특성이 어느 정도는 규정되는 것처럼 보인다. 이 영역에서 보다 더 원시적 단계에 도달한 학자는 그러한 경계들이 흐릿해지는 인상을 갖게 되고, 그래서 결국 종교적인 영역과 세속적인 영역(그리고 종종 주술적인 영역)이 아직 뚜렷이 구별되지 않는 더 앞선 단계를 가정하게 된다. 이러한 의미에서 가장 원시적인 그리스 법에 대해 연구한 제르네는 법과 종교가 별개로 구별될 수 없는 것으로 나타나는 시원적 단계를 '선법^{先法; pré-droit}'이라고 지칭했던 것이다. 또 같은 의미로 프로디는 맹세의 정치사에서 종교와 정치 사이의 분리 과정이 아직 시작되지 않았던 '원초적 무구별 상태'를 환기시키는 것이다. 이와 같은 경우들에 있어 종교적이고 세속적 영역들을 규정하는 기지의 특성들, 정확히 말해 역사가들의 끈질긴 노력의 산물인 그러한 특성들을 이른바 이 '원초적 무구별 상태'에 단순하고 무비판적으로 투사하지 않는 지혜를 갖는 것이 대단히 중요하다. 화학적 화합물이 그것을 이루고 있는 성분들의 합으로 환원될 수 없는 특수한 고유성을 갖듯이, 역사적 분리에 앞서 있는 것이 — 설령 그러한 것이 존재한다고 할지라도 — 반드시 그러한 부분들을 규정하는 특성들의 합, 그러한 특성들의 불분명하고 구별되지 않는 합인 것은 아니다. '선법'이 그저 더 '원시적인' 법일 수는 없다. 그것은 우리가 역사적으로 알고 있는 종교에 앞서 있는 것이 더 원시적이고 단순한 종교('마나')에 불과한 것이 아닌 것과 마찬가지이다. 그러므로 '종교'와 '법'이라는 말 자체를 무시하고 어떤 미지의 'x'를 상상하려고 노력하는 것이 사실 더 바람직할 것이다. 이 미지의 'x'에 대한 규정을 찾기 위해 우리는 가능한 모든 주의를 기울여 통상적으로 종교와 법을 규정해온 술어들의 속성을 (잠정적으로나마) 유예시키는, 일종의 고고학적 판단중지^{epoché}를 실행해야만 한다.

이 지점에서 반드시 따져 물어야 하는 것은 연구자의 분석이 부딪히게 되는 무구별의 문턱이다. 그것은 공교롭게도 기록이 결여되어 있는 선사적 과거처럼 무턱대고 연대기 위에 투사되어야 할 어떤 것이 아니라 어떤 내재적 한계로서, 일반적으로 받아들여지는 구별을 의문에 부침으로써 이 내재적 한계를 파악하게 되면 저러한 현상에 대한 새로운 규정에 이를 수 있게 될 것이다.

(*)

이렇듯 성스러움이란 기본적으로 복합적인 행위라고 가정하는 것은 대단한 영향력을 행사했다. 하지만 그렇게 강력한 영향력에도 불구하고 현상들에 대한 각별한 주의를 통해 적어도 부분적으로나마 그 영향력이 상쇄될 수 있음을 잘 보여주는 것이 바로 모스의 사례이다(현상들에 대한 각별한 주의는 모스의 방법론을 규정하는 것이다). 1902년에 출판된 그의 『주술의 일반 이론에 대한 소묘$^{Esquisse\ d'une\ théorie\ générale\ de\ la\ magie}$』는 주술적 현상들을 (이러한 현상들과 종종 혼동되어온) 종교, 법, 기술로부터 구별해내려는 시도로 시작된다. 하지만 모스의 분석은 끊임없이 하나의 영역에만 한정될 수 없는 현상들(예를 들어 'devotio'16)처럼 저주를 포함하는 법적·종교적 의식)이라는 문제에 봉착한다. 그리하여 모스는 결국 종교와 주술이라는 이분법적 대립을 양극 대립으로 변형시켜 공희^{sacrifice}와 요술$^{evil\ spells}$이라는 양 극단에 의해 규정되는 어떤 장을 그려내기에 이르는데, 이 장은 필연적으로 비결정성의 문턱들을 노정하게 된다 (Mauss, 14/27). 모스가 노력을 쏟고 있는 것이 바로 이러한 문턱들이다. 그 결과 (뒤메질이 주장한 대로) 모스에게서는 주술적 사실과 종교적 사실의 구별이 사라져버리게 된다. 달리 말해 "그의 주요 관심사 중의 하나는 각각의 현상들에는 저마다의 복합성이 있으며, 그러한 현상들은 대부분 모든 규정을 곧잘 초과하며 다양한 여러 층위에 동시에 놓이는 경향이 있음을

---

16) *devotio*: (L) 봉헌, 헌신; 신심, 경건; 저주. 축어적인 의미로는 '봉헌', '헌신'을 뜻하는 '*devotio*'는 원래 로마군 사령관이 신들에게 자신의 목숨을 바치는 대신 신들은 적군을 섬멸해 로마군에게 승리를 안겨달라고 서원하는 전쟁터의 의례였다. 그러한 서원은 유피테르, 마르스 퀴리누스, 주노, 벨로나(전쟁의 여신)에 대해 행해졌으며, 또 적들에 대한 저주로 행해진 경우에는 저승의 신들인 마네스(이에 대해서는 주 54 참조)에게 행해졌는데 곧 그들의 분노로 적들을 사자들의 세상으로 데려가 달라고 비는 의례였다. 이는 이후 자신의 목숨을 건다는 점에서 자기희생과 헌신 행위의 원형이자 은유가 되었다. 하지만 '*devotio*'에는 저주라는 요소가 수반된다는 점에서 이후 그리스도교의 '대속'이나 '순교' 등의 관념과는 구별된다.

강조하는 것이었다"(Dumézil [3], 49).

(9)

 이제 맹세를 있는 그대로, 다시 말해 기록이 남아있어 그에 대한 분석이 이루어질 수 있는 시대에 나타나는 대로만 받아들이자. 그러면 맹세는 무엇보다도 법적 제도로, 하지만 우리가 종교적 영역을 연상하는 데 익숙한 성분들을 포함하는 법적 제도로 나타난다. 그 속에서 (맹세가 오로지 종교적 의식일 뿐일) 보다 원시적인 단계와 (맹세가 법의 전유물이 되는) 보다 근대적인 단계를 구분하는 것은 완전히 자의적인 것이다. 사실 로마 전통에서 나온 두에노스^{Dvenos} 항아리에 새겨진 명문[원문17)](이 명문의 연대는 기원전 6세기 말까지 거슬러 올라간다)처럼 우리가 갖고 있는 가장 오래된 기록에서도 이미 맹세는 의문의 여지없이 법적 성격을 지닌 약속의 정형구문 — 이 특수한 경우에서는 여성의 보호자가 혼인이나 약혼 시 (미래의) 남편에게 해주는 보증 — 으로 나타난다. 그럼에도 불구하고 원시 라틴어로 쓰

---

17) 고대 그리스의 도기 양식 중 하나인 '케르노스^{kernos}'에 새겨진 명문으로서 현존하는 가장 오래된 라틴어 텍스트 중 하나이다. /f/ 음가를 나타내는 기호가 도입되지 않았고 'v'가 자음 'v'와 모음 'u'를 겸했던 초기 라틴어로 쓰인 텍스트로 이 명문을 고전 라틴어로 변환시키면 (비록 몇몇 단어들의 의미는 바뀌었지만) 어느 정도 의미 파악이 가능하다.

인 그 정형구문은 신들을 언급하며, 사실상 신들을 걸고 맹세한다(iovesat deiuos quoi me mitat, "나를 보내는 자는 — 여기서 화자는 항아리이다 — 신들〔을 걸고〕 맹세한다", Dumézil [3], 14~15). 여기서 우리는 순전히 종교적인 단계를 맹세의 역사에 있어 보다 더 고대적이라고 전제할 필요는 없다. 우리가 가진 어떠한 기록도 이를 그러한 것으로 입증해주지 않는다. 라틴어 전통 속에서 우리가 입수할 수 있는 가장 오래된 고전들에서 맹세는 어떤 약속이나 선언의 진실성을 보증하려는 구두 행위이고, 그것이 동일한 성격을 나타냄은 이후의 고전들에서도 확인된다. 그러므로 그것을 더 종교적입네 더 법적입네 또는 덜 종교적입네 덜 법적입네 하고 규정할 이유가 없다.

그리스어 전통에 대해서도 똑같이 말할 수 있다. 가장 오래된 고전들이 우리에게 제시하는 맹세는 대체로 보면 신들의 증언과 대상물(『일리아스』 초반에 나오는 아킬레우스의 '위대한 맹세 megas horkos'로서의 아킬레우스의 홀[※]뿐만 아니라 말, 전차 및 공희로 바쳐진 동물의 내장 등)의 현전을 수반한다. 이러한 요소들은 모두 맹세의 법적 성격이 분명한 역사 시대에서도 발견된다(예컨대 연맹을 맺은 도시국가들 사이의 약속에서 맹세는 '법적인' 것 — horkos nomimos — 으로 규정된다. 이에 대해서는 Glotz, 749를 참조하라). 또한 이미 살펴보았듯이 신들조차도 스틱스 강을 두고 맹세한다. 헤시오도스는 어떤 신이 저지른 거짓맹세에 대한 처벌에 대해 우리에게 말해주는데, 이로 미루어 판단하건대 신들조차도 맹세의 권위에 따르지 않으면 안 되었다. 게다가 우리에게는 아리스토텔레스의 권위 있는 증언이 있는데, 이에 따르면 '맨 처음으로 신들에 대해 사색했던^{theologēsantas}' 초창기의 고대 철학자들은 오케아노스^{Ocean}와 테티스^{Tethys}와 함께 '신들의 맹세 역할을 하는, 스틱스라고 불리는 물'(『형이상학』, 983b32)을 우주의 제일 원리 가운데 두었음을 알 수 있다. "가장 오래된 것^{presbytaton}이 가장 값진 것^{timiōtaton}이며, 맹세야말로 가장 값진 것$^{horkos\ de\ timiōtaton\ estin}$이라는 가정이 있었기 때문이다"(같은 책, 983b34~35). 이 증언에 따르면 맹세는 가장 오래된 것, 신들만큼이나 오래된 것이며, 신들조차도 사실상 어떤 식으로든 그것에 따르지 않으면 안 된다. 하지만 이는 맹세가 어떤 '성스러운 실체'와 같은 것으로 여겨져야 한다는 의미는 아니다. 반대로 이 구절의 문맥—『형이상학』 서두에서는 철학사를 간략히 개관하고 있는데, 이 철학사 안에서 탈레스의 사상을 재구성하고 있다—에서 보면 맹세는 소크라테스 이전 철학자들이 '제일 원리$^{prōtai\ aitiai}$'라고 한 것들 사이에 놓여야 한다. 우주의 기원과 그것을 이해하는 사유의 기원에는 마치 어떤 식으로든 맹세가 내포되어 있었던 것처럼 말이다.

이렇게 보면, 특히 맹세와 관련해서 보면 법적인 것과 종교적인 것의 구별이라는 문제제기 자체가 전적으로 잘못된 것이다. 우리에게는 법 이전의 단계, 그러니까 맹세가 오로지 종교적 영역에만 속하게 되는 그런 단계를 자명한 것이라고 상정할 근거가 없을뿐더러, 필경 법과 종교 사이의 관계를 연대기적이고 개념적인 관계로 표상하는 우리의 습관 전체가 바로잡

언어의 성사 45

혀야만 할 것이다. 어쩌면 맹세는 그 자체로서는 (전적으로) 법적인 것도 아니고 (전적으로) 종교적인 것도 아닌 현상을 우리에게 제시할 테지만 바로 그러한 이유로 우리는 법이 무엇이고 종교가 무엇인지 원점에서부터 다시 생각해볼 수 있는 것이다.

(*)

법과 종교가 서로 대립하는 것으로 놓일 때 로마인들은 성스러움의 영역을 법의 본질적 부분으로 여겼다는 점을 기억할 필요가 있다. 『학설휘찬^{Digest}』은 공법$^{\text{ius publicum}}$과 사법$^{\text{ius privatum}}$을 구별하는 것으로부터 시작한다. 여기서 공법이라 함은 '공적인 것들의 지위$^{\text{status rei publicae}}$'에 관한 것이고, 사법이라 함은 '개별적인 것들의 용도$^{\text{singulorum utilitatem}}$'에 관한 것이다. 그런데 다음에 바로 공법은 '성스러운 것들과 의식들에 관한, 사제들과 행정관들에 관한$^{\text{ius publicum quod in sacris, in sacerdotibus, in magistratibus consistit}}$'(Ulpian, 1. 1) 법으로 규정된다. 같은 맥락에서 가이우스^{Gaius}(『법학제요^{Institutiones}』, 2. 2)는 사물(사태)들을 그것들이 신의 법$^{\text{ius divinum}}$에 속하는가 아니면 인간의 법$^{\text{ius humanum}}$에 속하는가에 따라 구별하는데, 그러면서 '신의 법에 속하는 것 중에는 성스럽거나 종교적인 것이 있다$^{\text{divini iuris sunt veluti res sacrae et religiosae}}$'고 적시하고 있다. 하지만 사물(사태)에 관한 이러한 최상위 분류$^{\text{summa divisio}}$는 명백히 법에 내재적인 분류이다.

(10)

다음 두 텍스트는 새로운 기반 위에서 맹세를 분석할 수 있도록 해줄 것이다. 첫 번째 텍스트는 필론의 『비유적 해석^{Legum} ^{allegoriae}』(204~208)의 한 구절인데, 이 구절은 「창세기」, 22장 16~17절에서 하느님이 아브라함에게 한 맹세를 논하면서 맹세를 하느님의 말씀과의 본질적인 관계 속에 배치하고 있다.

하느님께서는 다른 어떤 것을 걸고 맹세하는 것이 아니라(그분보다 높은 것은 없기 때문이다) 지고의 선인 그분 자신을 걸고 맹세하고 있음에 유의하자. 어떤 이들은 그분이 맹세하는 것은 부적절한 것이었다고 말한다. 왜냐하면 맹세란 신의를 돕기 위해$^{pisteōs\ eneka}$ 덧붙여지는 것이고 하느님만이 (……) 신의가 있기^{pistos} 때문이다. (……) 더구나 하느님의 말씀 자체가 곧 맹세이고$^{hoi\ logoi\ tou\ theou\ eisin\ horkoi}$ 하느님의 법이고 가장 성스러운 명령이다. 그분의 확고한 힘의 증거는 그분이 말씀하시는 것은 무엇이든 다 이루어진다$^{an\ eipēi\ ginetai}$는 것이며, 이것이야말로 맹세의 특징인 것이다. 그러므로 하느님의 말씀은 행위로 성취됨으로써$^{ergōn\ apotelesmasi}$ 확인되는 맹세라는 것이 이로부터 직접 도출되는 결론인 듯하다. 실로 그들은 맹세란 분쟁이 되고 있는 사안에 하느님을 증인으로 소환하는 것이라고 말한다. 그런데 맹세를 하는 것이 하느님이라면 그분은 그분 자신의 증인이 되는 셈인데, 이는 말이 되지 않는다. 증인이란 증인이 되어주는 누군가와는 다른 사람이어야만 하기 때문이다. (……) '나 자신에게 맹세했다'를 올바로 이해한다면 이러한 궤변을 그만두어야 할 것이다. 그렇다면 사태의 진실은 아마도 다음과 같은 것이리라. 하느님보다 더 확실한 보증이 되어줄 수 있는 pistoun dynatai 자는 아무도 없다. 왜냐하면 그분은 아무에게도 자신의 본성을 보여주신 적이 없을 뿐더러 아예 우리 인간은 볼 수 없도록 만드셨기 때문이다. (……) 그런즉 그분 자신의 본성에 대해서는 그분만이 정확하고 틀림없이 알고 계시기 때문에 그분 자신에 대해서는 오로지 그분만이 확언하실 수 있다. 그러므로 하느님만이 가장 강력한 보증인 바, 우선은 그분 자신에 대한 보증이요, 다음으로는 그분의 하시는 일에 대한 보증이므로 그분 자신에 관해 확언을 하실 때 마땅히 그분 자신을 걸고 맹세하셨던 ōmnye cath'heautou pistoumenos heauton 것이며 이는 오로지 그분이 하느님이시기에 가능한 것이다. 그러므로 스스로 하느님을 걸고 맹세한다고 말하는 자들은 사실상 불경스럽다고 할 것이다. 왜냐하면 누구도, 그분의 본성에 관해 알 수 없으므로, 마땅히 그분을 걸고 맹세하지 않기 때문이다. 아니, 우리로서는 그분의 이름으로 맹세할 수 있다면 그걸로 족할 것이다. 이름은 (앞서 보았듯이) 풀이하는 말 tou ermeneōs logou 을 뜻한다. 그러니까 그분의 이름은 우리 불완전한 족속들에게 틀림없는 하느님이지만 지혜롭고 완전한 자에게 근본이 되는 것은 그들의 하느님이다. 그래서 모세도 피조물이 아닌 분의 초월성에 대해 경외로 가득 차 다음과 같이 말한다. "그분의 이름으로만 맹세해야 한다"(「신명기」, 6장 13절). '그분을 걸고' 맹세하는 것이 아니라 '그분의 이름으로' 맹세해야 한다는 것인데, 이는 피조물로서는 하느님의 말씀에 의해 보증을 받고 하느님의 말씀이 증인이 되어주는 것으로, 차라리 하느님께서 직접 그분 자신의 가장 확실한 보증^{pistis}과 증거가 되게 놔두는 것으로 족하기 때문이다.

맹세에 관한 이 짧은 논고의 함의를 다섯 개의 테제로 요약해보자.

1) 맹세는 말의 사실로의 실증$^{an\ eipēi\ ginetai}$, 즉 말과 현실 사이의 정확한 대응에 의해 규정된다.
2) 하느님의 말씀은 곧 맹세이다.
3) 맹세는 하느님의 말씀^{logos}이므로 오직 하느님만이 참된 맹세를 하신다.
4) 인간은 하느님을 걸고 맹세해서는 안 되며 그분의 이름을 걸고 맹세해야 한다.
5) 우리는 하느님에 대해 전혀 모르기 때문에 그분에 대해 우리가 내릴 수 있는 유일하고 확실한 규정은, 그분은 그분의 말씀^{logoi}이 곧 맹세^{horkoi}인 존재, 그분의 말씀이 그 자체로 절대적 확실성을 지닌 증거가 되는 존재라는 것이다.

언행일치로 규정되는 맹세는 여기서 단적으로 중심적인 기능을 수행한다. 이는 맹세가 하느님과 그분의 말씀^{logos}을 규정한다는 점에서 신학적 수준에서 일어날 뿐만 아니라 그것이 인간의 언어를 신의 언어라는 범례와 결부시키기 때문에 인간학적 수준에서도 일어난다. 만약 맹세가 사실상 언제나 사실들로 실현되는 언어이고 이것이 하느님의 말씀^{logos}이라면(『공희에 관하여$^{De\ sacrificiis}$』[65]에서 필론은 다음과 같이 쓰고 있다: "하느님께서 말씀하셨고 그대로 이루어졌으니 이 둘 사이에는 아무런 틈이 없다ho theos legōn ama epoiei.") 사람들의 맹세는 인간의 언어를 가급적이면 최대한 진실하게^{pistos} 함으로써 하느님의 말씀이라는 저 신적인 모형과 일치시키려는 시도와 다르지 않다.

『공희에 관하여』(93)에서 필론은 맹세의 이러한 기능을 재차 확인하고 있다. 그는 다음과 같이 쓰고 있다. "요즘 사람들은 신의를 얻기 위해 맹세에 호소하지만 다른 사람들은 그것을 믿을 수 없다고 여긴다. 하지만 하느님께서는 어디에서나 마찬가지로 말씀에서도 진실하시므로^{pistos} 틀림없고 확실한 그분의 말씀은 맹세나 다름없다. 따라서 우리에게 맹세란 우리의 신실함의 보증이 되어주는 것인 반면 그분의 말씀은 그 자체 하느님께서 보증하시는 것이다. 그러므로 하느님이 맹세로 인해^{dia} 진실 되신 것이 아니라 맹세를 보증하시는 것은 하느님이다."18)

우리는 마지막 구절에 담긴 하느님과 맹세 사이의 상호 함축에 대해 생각해 보아야 할 것이다. 이 구절은 비단 유대 전통에서만 나타나는 것이 아니라 다른 여러 전통에서도 빈번히

---

18) 이 마지막 문장을 다음과 같이 옮길 수도 있다: "맹세가 하느님을 진실 되게 하는 것이 아니라 하느님이 맹세를 진실 되게 하시는 것이다."

나타나는 수사학적 모형을 거의 그대로 따르고 있는데, 이는 어떤 공인된 진리를 뒤집음으로써 효과를 내는 것이다(이에 대해서는 「마르코 복음서」, 2장 27절의 "안식일이 사람을 위하여 생긴 것이지, 사람이 안식일을 위하여 생긴 것은 아니다"라는 말씀이 좋은 예이다). 그리스·로마 전통에서 '*horkos*'야말로 최고의 '*pistos*'이듯이 유대 전통에서는 '*pistos*', 곧 '*eman*'[19]이야말로 으뜸가는 하느님의 속성이다. 필론은 이러한 유비(아마도 이러한 유비는 아이스킬로스Aeschylus의 한 구절 ―「단편」, 369 ― 의 예를 따르는 것일 텐데, 이 구절은 "맹세가 사람을 믿게 하는 것이 아니라 사람이 맹세를 믿게 하는 것이다"라고 되어 있다)를 발전시켜 하느님과 맹세 사이의 본질적 연관을 설정하는데, 곧 맹세를 하느님의 말씀 자체로 해석하는 것이다. 하지만 이런 식으로 인간의 언어뿐만 아니라 하느님 자신까지도 별수 없이 맹세의 영역에 말려들게 된다. 한편으로 맹세 속에서 인간의 언어는 하느님의 언어와 교신한다. 하지만 다른 한편으로 하느님은 그의 말씀이 곧 맹세인 존재라면, 맹세 때문에 하느님을 신뢰할 수 있는지 아니면 하느님 때문에 맹세를 신뢰할 수 있는지를 결정하는 것은 완전히 불가능해지는 것이다.

---

19) *eman*: (H) 그리스어 '*pistos*'에 대응하는 히브리어.

(11)

두 번째 텍스트는 『의무에 관하여』에 나오는 유명한 구절(3. 102~107)인데, 그중 몇 행을 이미 인용한 바 있지만 이제 여기서는 그것을 원래의 문맥 속에서 살펴볼 필요가 있다. 여기서 문제가 되는 것은 레굴루스$^{\text{Attilio Regolo}}$의 행위이다. 그는 적국인 카르타고의 포로가 되었다가 그들에게 되돌아오리라는 맹세를 한 뒤 로마로 보내졌는데, 자신이 한 맹세를 지키기 위해 처형당할 것을 알면서도 카르타고로 되돌아갔다. 키케로가 제기하는 물음은 맹세의 구속력이 어디에서 나오는 것인가에 관한 것이다. "누군가는 이렇게 말할 것이다. '우리는 맹세에 어떤 의미가 있다고 생각하는가? 우리가 두려워하는 것이 유피테르 신의 분노는 아니지 않는가?'"(3. 102). 그렇지만 그는 신들은 인간에게 화를 내거나 해를 끼치지 않는다는 것은 모든 철학자들의 확고한 입장이라고 답한다. 그가 내가 인용했던 맹세에 대한 저 유명한 정의를 안출하고 있는 곳은 바로 이 지점이다. "하지만 맹세를 함에 있어 우리의 의무는, 맹세를 위반할 경우 우리가 두려워해야 할 대상이 무엇이냐가 아니라 그에 따르는 책임 소재가 어디냐를 고려하는 것이다$^{\text{non qui metus sed quae vis sit debet intellegi}}$. 맹세란 종교적 신성함의 뒷받침을 받는 확언$^{\text{affirmatio religiosa}}$이며 우리의 증인되시는 신 앞에서 행한 것으로서의 엄숙한 약속은 성스럽게 지켜져야만 한다"(3. 104).

키케로는 이어서 맹세의 '*vis*'를 규정하는데, 여기서 결정적인 것은 그러면서 그가 사용하는 추론 방식이다. 그것은 신들의 분노 — 그러한 것은 존재하지 않는다(quae nulla est) — 라는 문제가 아니라 신의^{fides}의 문제이다. 현대의 학자들이 곧잘 되풀이했던 견해와는 반대로 맹세의 의무적 성격은 그저 증인으로만 소환되는 신들로부터 비롯되는 것이 아니라 미치는 범위가 훨씬 더 큰 제도, 사람들 사이의 관계뿐만 아니라 사람들과 도시국가들 사이의 관계도 규제하는 제도인 '*fides*'의 영역에 놓인다는 사실에서 비롯된다. "그러므로 자신의 맹세를 어기는 자는 누구나 신의를 어기는 것이다$^{\text{Quis ius igitur iurandum violat, is fidem violat}}$"(3. 104). 앞에서 인용한 『의무에 관하여』, 1권의 저 구절에서 '*fides*', 곧 '법의 토대'는 어원학적으로 (필론의 경우와 마찬가지로) 말해지는 것의 실증으로 정의된 바 있다. "신의라 함은 약속되는 것이 **이루어지기** 때문에 그렇게 불린다$^{\text{quia fiat quod dictum est appelatam fidem}}$"(1. 23). 그러므로 신의란 본질적으로 언행의 일치이다. 그래서 키케로는 레굴루스가 자신의 맹세를 지킨 것은 잘한 일이었다는 결론을 내릴 수 있는 것이다. 해적들은 공동의 신뢰를 갖는 것이 불가능한 만인의 적$^{\text{hostes omnium}}$이므로 그들과 한 맹세를 지키지 않는 것이 적법한 것이라면, '적과 맺은 전쟁의 협정과 규약을 거짓맹세를 하여 뒤집는 것$^{\text{condiciones pactionesque bellicas et hostiles perturbare periurio}}$'(3. 108)은 부당한 것이리라.

(*)

맹세에 대한 키케로의 정의에서 '*religiosus*'[20]라는 말의 의미를 구체화하는 것이 바람직할 것이다. '*res religiosa*'[21]란 저승의 신들에게 봉헌된 무언가(religiosae quae diis manibus relictae sunt[22] — 가이우스, 『법학제요』, 2. 4)이며, 이러한 의미에서 최고로 '*religiosus*'한 것은 시체(corpus — 로마인들은 'corpus'를 'cadaver'와 구별했는데, 'cadaver'란 무덤에 묻히는 것이 허용되지 않는 시체를 이른다)가 묻힌 장소인 무덤이다. '*res religiosa*'는 세속적인 용도와 상업에 이용되어서는 안 되고, 양도될 수도 없고 지역권^{地役權}[23]의 부담이 지워질 수도 없고 용익권^{用益權}[24]이나 저당으로 설정될 수도 없으며, 어떤 약관의 대상이 될 수도 없다(Thomas, 74). 보다 일반적으로, 종교적인 것은 성스러운 것과 마찬가지로 엄격한 형식을 갖춘 일련의 규정들을 따라야만 하는데, 이 규정

---

20) *religiosus*: (L) 경외하는, 경건한, 독실한; 종교적인; 신성한, 거룩한, 불길한; 성실한, 진실한, 꼼꼼하고 세심한(이 책에서는 불가피하게 '*religiosus*'는 '종교적', '독실한' 등으로, '*religio*'는 '종교', '종교적 신성함' 등으로 옮긴다. 그렇지만 독자들은 이 말에서 '*religiosus*'와 '*religio*'의 복합적인 의미를 함께 읽어야만 할 것이다).
21) *res religiosa*: (L) '종교적인 것.'
22) "종교적인 것들이란 저 아래에 있는 신들에게 건네진 것들이다."
23) 로마 재산법상 지역권servitude은 다른 토지의 편익을 증진시키기 위해 어떤 토지에 부착된 의무 또는 부담을 의미한다. 지역권의 부담이 지워진 토지는 승역지^{承役地}; servient tenement라고 불리며, 지역권에 의해 '편익을 얻는' 토지는 요역지^{要役地}; dominant tenement이다.
24) 타인의 소유물을 사용·수익할 수 있는 권리. 용익권의 법적 개념은 로마법에서 발달했는데, 그것이 적용된 중요한 예로는 용익권이 설정되어 있는 노예와 일시적 주인 사이의 재산상 이득의 귀속 결정에서 찾아볼 수 있다. 용익권 약정 하에 있는 노예가 노동의 대가로 취득하는 모든 소유물은 노예를 법적으로 구속하고 있는 자에게 적법하게 귀속된다.

들에 의해 종교적인 것은 불가침의 것이 되고 또 이 규정들은 엄격히 준수되어야만 한다. 그러므로 우리는 키케로가 맹세에 대해 '*affirmatio religiosa*'[25]라고 말할 때 그런 표현이 어떤 의미에서 가능한지를 이해할 수 있다. '종교적 확언'은 '*religio*'[26]에 의해 보증되고 뒷받침되는 말이다. 이로써 맹세는 일반적인 용도로 이용될 수 없고 신들에게 봉헌되며 엄격한 형식을 갖춘 일련의 규정들(맹세의 정형구문과 몸짓, 신들을 증인으로 소환하는 것, 거짓맹세 시에 대한 저주 등)의 대상이 되는 것이다. '*religio*'라는 말의 이중적인 의미 — 고전어 사전들에 의하면 '*religio*'는 '신성모독, 저주'를 뜻하는 동시에 '정형구문들과 의례 규범들의 엄격한 준수'를 뜻한다 — 는 이러한 맥락에서 어렵지 않게 해명될 수 있다. 『신들의 본성에 관하여^{De natura deorum}』의 어느 구절(2. 11)에서는 이 두 가지 의미가 뚜렷이 구별되면서도 병치된다. 콘술이었던 그라쿠스^{Tiberius Gracchus}는 후계자를 지명할 때 새점鳥占을 치는 것을 깜빡 잊어버렸는데, 기꺼이 자신의 실수를 인정하고 '신성모독'(= religio)이 국가를 오염시키도록 놔두기보다는 차라리 '정형구문들과 의례 규범들의 엄격한 준수'(= religio)에 반해 이루어진 선출을 무효로 했던 것이다: *peccatum suum, quad celari posset, confiteri maluit, quam haerere in re publica*

---

[25] '종교적 확언' 또는 '종교적 신성함의 뒷받침을 받는 확언.'
[26] *religio*: (L) 경외, 경건; 꼼꼼하고 양심적임, 공경; 진실, 성실, 사실대로의 증언; 엄숙한 약속, (선서) 준행 의무, 성실한 직무수행; 신성모독, 독성瀆聖, 신의 저주; 종교, 종교적 신성함.

religionem, consules summum imperium statim deponere, quam id tenere punctum temporis contra religionem.[27]

키케로가, 카이사르Julius Caesar와 리비우스Titus Livius와 마찬가지로, "맹세의 종교적 신성함religio iusiurandi"을 말하면서 이 용어의 두 가지 의미를 합쳤던 것도 이러한 맥락에서 가능한 것이었다. 플리니우스Gaius Plinius Secundus가 신체의 특정 부위를 보지 않아야 한다는 규칙을 언급하면서 무릎과 왼손과 심지어는 오줌이 지닌 고유의 '*religio*'를 말하는 것도 비슷한 경우라고 할 수 있다: *Hominum genibus quaedam et religio inest observatione gentium ...... inest et aliis partibus quaedam religio, sicut in dextera: osculis adversa adpetitur, in fide porrigitur*[28](『박물지』, 11. 250~251). 또한 주술적 성격을 지닌 어느 텍스트에는 인후염에 대한 처방이 쓰여 있는데, 내용은 다음과 같다: *hanc religionem evoco, educo, excanto de istis membris, medullis*[29](Mauss, 54~76). 여기서 '*religio*'는 '저주'인 동시에 주문을 내놓기(또 제거하기) 위해 준수되어야 하는 일련의 의례적 정형구문들을 나타낸다.

---

[27] "그는 불경의 얼룩이 공화국에 달라붙도록 하게 하는 대신 자신이 감출 수도 있었을 위반 사실을 기꺼이 공개적으로 인정했다. 이 콘술은 '*religio*'를 위반한 단 한 순간 동안조차도 국가수반 직에 집착하지 않고 즉각 그 자리에서 물러났던 것이다."

[28] "인간의 무릎 또한 관습상 모종의 종교적 신성함religio을 지닌다. 다른 부위들에도, 예컨대 오른손에도 고유한 종교적 신성함이 있는데, 그래서 입맞춤은 오른손등 위에 하고 또 서약을 할 때는 오른손을 쫙 편다."

[29] "나는 주문을 외워 이 팔에서부터 골수까지 '*religio*'를 불러내고 끌어내어 내놓는다."

사람들은 현대의 개념을 시대착오적으로 과거에 투사해 '로마의 종교'에 대해 말하곤 하지만 이것은 (키케로가 최고 대신관 pontifex maximus이었던 코타Gaius Cotta의 입을 빌어 제시한 명확한 정의에 따르면) 신의 법$^{ius\ divinum}$에서 준수되어야 할 의례적 정형구문들과 관행들을 모아놓은 것에 불과했음을 명심해야 한다: *cum omnis populi Romani religio in sacra et in auspicia divisa sit*[30) (『신들의 본성에 관하여』, 3. 5). 이러한 이유로 키케로는 '*religio*'의 어원으로 '꼼꼼히 준수하다'는 뜻의 동사 '*relegere*'를 지목할 수 있었던 것이다: *qui autem omnia quae ad cultum deorum pertinerent diligenter retractarent et tamquam relegerent, sunt dicti religiosi ex relegendo*[31](2. 72).

(12)

믿음과 맹세의 인접성을 학자들이 놓칠 리 없었는데, 그러한 인접성은 그리스어 '*pistis*'가 '*pistin kai horka poieisthai*'[32]나

---

30) "로마인들의 종교는 제사*sacra*(와) (모든 주요 공공행사를 치르기에 앞서 보아야만 하는) 새점*auspicia*으로 이루어진다."
31) "다른 한편으로 주의 깊게 확인하는 사람들, 말하자면 전해 내려오는 모든 제사 절차와 관행을 재차 살피는 사람들을 '독실하다*religiosi*'고 일렀는데, 이는 '*relegere*'로부터 나온 것이다."
32) '맹세하다.'

'*pista dounai kai lambanein*'[33])과 같은 유형의 표현에서는 '*horkos*'와 거의 같은 뜻이라는 사실로 증명된다. 호메로스에게서 맹세는 무엇보다도 가장 믿을 수 있는^{pista} 것이다. 또한 라틴어 영역에서 보면 (키케로에 의해 인용된 시구에서) 엔니우스$^{Quintus\ Ennius}$는 '*fides*'를 '유피테르의 맹세$^{ius\ iurandum\ Iovis}$'라고 정의한다. 또한 맹세의 정형구문 가운데 '신들의 신의^{pistis}를 걸고'라는 표현뿐만 아니라 '나 자신의 신의^{pistis}를 걸고'라는 표현 — *kata tēs heautōn pisteōs diomosamenoi* (Dionysius of Halicarnassus, 11. 54) — 도 확인되며, '사람들 저마다의 신의$^{idia\ ekastōi\ pistis}$'가 사실상 '가장 위대한 맹세$^{megistos\ horkos}$'(같은 곳, 또한 Hirzel, 136도 보라)로 간주되고 있는 것은 의미심장하다.

뒤메질과 벤베니스트는 (무엇보다도 언어학적 자료들을 토대로) 인도유럽적 제도들 가운데 가장 오래된 것, 즉 그리스인들이 '*pistis*'라고 불렀고 로마인들은 '*fides*'라고 불렀던 것(산스크리트어로는 '*sraddha*')의 시원적 특성들을 재구성한 바 있는데, 그것이 바로 '개인적 충성'이다. '신임$^{trust;\ fede}$'이란 어떤 사람이 다른 사람들에게서 받는 추앙인바, 우리가 자신 있게 그에게 몸을 의탁해 충성의 관계로 묶이게 되는 결과로 주어지는 것이다. 이러한 이유로 신뢰란 우리가 어떤 사람에게 부여하는 신임 — 우리가 주는 신뢰 — 인 동시에 우리가 어떤 사람에게 받는 추앙 — 우리가 지닌 신뢰 또는 영예 — 인 것이다. '믿

---

33) '맹세를 주고받다.'

음^(faith; fede)'이라는 말이 지닌 두 가지 대칭적인 의미(즉 능동적 의미와 수동적 의미, 객관적 의미와 주관적 의미, '서약된 보증'이라는 뜻과 '고취된 신임'이라는 뜻)라는 고래의 문제 — 이 문제는 프란켈^(Eduard Fränkel)이 쓴 한 유명한 논문의 주된 관심사였다 — 는 이러한 관점에서 보면 어렵지 않게 이해된다.

   어떤 사람에게서 'fides'를 받고 있는 사람은 그를 자신의 수족처럼 부릴 수 있다. 이 때문에 'fides'는 'dicio'[34]와 'potestas'[35]와 거의 같은 뜻이 되는 것이다. 원시적이고 단순한 형태에서 이러한 관계들은 모종의 상호 의존 상태를 수반했는데, 누군가에게 자신의 'fides'를 두는 대신 그에 대한 답례로 그의 보증과 후원을 확보했던 것이다. 하지만 바로 이러한 사실 때문에 그러한 조건의 불평등성이 강조된다. 그것이 권위인바, 즉 그것에 복종하는 누군가에게, 그가 복종하는 만큼 그러한 복종의 대가로 동시에 제공되는 보호로서 행사된다(Benveniste [2], 1: 118~119/97~98).

이로써 'fides'와 (나중에 그리스도교 세계에서 커다란 중요성을 띠게 된) 'credere'[36]라는 두 라틴어 사이의 끈끈한 결합을 이해하는 게 가능해진다. 메예는 'fides'가 일상적인 어법에서 원시 동명사 '*kred'를 대신해 쓰이게 되었음을 밝혔는데, '*kred' 역

---

34) *dicio*: (L) 명령권, 권력, 통치, 지배.
35) *potestas*: (L) 힘, 권력, 주권, 직권, 통제력; 기회, 편의.
36) *credere (credo)*: (L) 믿다, 신임하다; (믿고) 맡기다, 위탁하다; 생각하다, 여기다.

시 아주 유사한 통념을 표현했다. 사실상 'credere'는 원래 '*kred를 주다', 즉 누군가를 신뢰하고 그로부터 보호를 기대하며, 이런 식으로 신뢰하는 사람과 자신을 연결하는 것(종종 서로 오른손으로 악수를 나눈다: dextrae dextras iungentes fidem obstrinximus – Livy, 23, 9, 3)을 의미했다.

'fides'는 사적인 관계를 규제했을 뿐만 아니라 더 나아가 국제 공법에서도, 도시국가와 주민들 사이에 'fides'를 통해 수립된 특수한 관계들에서도 중요한 기능을 수행했다. 전시에 적국敵國은 힘으로^{kata kratos} 제압되고 파괴되며 그 주민은 죽임을 당하거나 노예 상태에 처하게 될 수도 있었지만 한편으로 약소국은 'deditio in fidem'[37)]이라는 제도에 호소할 수도 있었다. 말하자면, 약소국은 패배를 인정하고 적국의 'fides'에 무조건적으로 따를 수도 있었는데, 그리하여 어떤 의미에서는 승전국에게 보다 자비로운 형태의 통치를 의무로 지울 수 있었던 것이다. 이 제도 역시 그리스인들에 의해서는 'pistis'라고 불렸고(dounai eis pistin[38)], peithesthai[39)]), 로마인들에 의해서는 'fides'라고 불렸다(in fidem populi Romani venire[40)] 또는 in fidem populi Romani se tradere[41)]). 그리고 우리는 여기에서도 믿음과 맹세 사이의 동일한 연관을 만나게 되는데, 'deditio in fidem'으로 상호 구속된 도시국가과

37) '신의 하에서의 항복.'
38) '믿고 맡기다.'
39) '믿고 따르다.'
40) '로마인들의 신의 아래 들어가다.'
41) '로마인들의 신의에 의탁하다.'

주민들은 이러한 관계를 공인하는 엄숙한 맹세를 교환했던 것이다.

그렇다면 '*fides*'는 통상적으로 맹세를 수반하는 구두 행위가 되는데, 이러한 행위를 하는 사람은 바로 이 행위를 통해 다른 누군가의 '신용'에 완전히 몸을 맡기고 반대급부로 그의 보호를 얻게 되는 것이다. 맹세에서와 마찬가지로 '*fides*'의 대상은 어느 경우에나 당사자들의 언행일치인 것이다.

뒤메질은, 로마의 왕정기[42] 역사가 조금씩 조금씩 소급해 구축되고 일정한 형태를 띠게 되자 공적으로나 사적으로나 생활에서 중요한 역할을 담당했던 '*fides*'가 신격화되어 제사^{sacra}와 법^{leges}의 근본으로 여겨지는 누마$^{Numa\ Pompilius}$[43]의 형상과 연계되었음을 보여준 바 있다(Dumézil [4], 202/198). 그리하여 '*fides*'는 여신이 되고, 250년경에는 카피톨리노 언덕 위에 그녀를 모신 사원이 세워진다.[44] 하지만 데우스 피디우스$^{Deus\ Fidius}$[45] ─ 그

---

42) 로마 공화정 건립 이전의 로마 7왕 시대.

43) 로마 전설에 따르면 로마 공화정 건립(BC 509년경) 이전의 로마 7왕 가운데 2번째 왕으로서 그의 치세는 BC 715~673년이라고 한다. 누마는 종교 제식에 따른 달력을 고안하고 베스타 신전의 처녀 사제, 그리고 마르스, 유피테르, 신격화한 로물루스(전설적인 로마의 건국자)에게 바치는 제식 등 초기 종교 관습을 확립했으며, 폰티펙스 막시무스(대신관) 직을 만든 것으로 알려져 있다. 전설에 따르면 누마는 호전적이었던 로물루스와는 달리 평화를 사랑했는데, 1년간 왕이 없는 공백기를 거친 뒤 로물루스의 뒤를 이어 왕이 되었다.

44) 가장 오래된 로마 신들의 대다수는 높은 이상의 화신이었다(예를 들어 호노스는 명예의 화신, 리베르타스는 자유의 화신 등). '*fides*'를 신격화한 여신 피데스 Fides의 역할은 로마 사람들의 도덕적 순수성을 관장하는 일이었다. 유피테르와 밀접한 관계가 있는 피데스는 BC 254년 카피톨리노 언덕 주피터 신전 근처에 세워진 사원에 모셔졌다. 참배자들은 신과 인간 사이의 비밀스럽고 범할 수 없는

언어의 성사 61

가 유피테르와 태생에 있어 별개의 신인지에 대해서는 의견이 엇갈린다. 미트라^{Mithra}46)처럼 그도 일종의 '계약의 화신'(같은 곳)이었다 — 의 경우에서처럼 여기서도 종교는 법에 앞서는 게 아니라 오히려 법의 뒤를 따른다.

이로써 우리는 '*fides*'로 인해 (맹세를 다룰 때와 꼭 마찬가지로) 종교와 법의 태생적 관계라는 문제가 새로운 토대 위에서 다시 다루어져야만 하는 어떤 영역에 들어서게 된다. 동시에 도덕적이고 종교적이고 사회적이고 법적으로 보이는 이 제도들의 복합성을 감안하면 어떤 이들처럼 굳이 '선법'(Imbert, 411)이라는 범주에 호소하는 것은 별 효과가 없다. 해당 제도들이 법적으로 공인된 것이 아니라는 사실(아주 옛날에는 거짓맹세가 처벌받지 않았고 채권자는 채무자의 'fides'를 믿고 맡길 뿐 법적으로 호소할 길은 없었다는 사실)[47]은 그것들이 법적인 것이기보다는 오

신뢰를 인정하는 상징으로 하얀 천으로 손을 감추고 피데스에게 제물을 바쳤다. 로마 시대 후기에 피데스는 피데스 푸블리카(공적인 믿음)라고 불렸고, 조약과 다른 국가 문서들의 수호신으로 여겨져 이러한 문서들은 이 여신의 사원에 보관되었다. 이 사원에서 종종 원로원이 열렸다는 사실에서도 이 여신이 갖는 국가적 중요성을 엿볼 수 있다.

45) 고대 로마 종교에서 신의 *fides*, 정직, 맹세의 신으로서 이름은 여신 피데스와 관련이 있는 것으로 여겨졌다.

46) 인도-이란 신화에 등장하는 빛의 신으로 그에 대한 숭배는 동쪽의 인도에서 서쪽으로는 스페인, 영국, 독일에까지 전파되었다. 베다 미트라가 처음 기록으로 언급된 때는 BC 1400년경으로 거슬러 올라간다. 그에 대한 숭배는 페르시아까지 퍼졌고, 페르시아가 알렉산드로스 대왕에게 패배한 뒤에는 헬레니즘 세계 전역으로 퍼졌다. 3~4세기에 로마 제국 군인들이 전하고 지켜왔던 미트라 숭배는 새로 성장하고 있던 그리스도교의 주요 경쟁 상대였다. 그의 이름은 참된 계약이라는 개념에서 유래한 것으로서 그는 성실, 참된 우정, 신의를 상징한다.

히려 종교적인 것으로 간주되어야 한다는 의미가 아니다. 이 사실은 차라리 연구가 그것들 안에서 어떤 한계에 맞닥뜨렸음을 의미하며, 우리로 하여금 무엇이 법적인 것이고 무엇이 종교적인 것인지에 대한 기존의 정의들을 다시 한 번 생각해보지 않을 수 없도록 하는 것이다.

(*)

고대에는 맹세에 법적 공인이 결여되어 있다는 사실이야말로 그것이, 거짓맹세에 대한 처벌이 신들에게 남겨져 있었던 한, 종교적 영역에 속한다는 징표라는 것은 맹세 이론의 상식에 속한다. 학자들은 끊임없이 '*deorum iniurias dis curae*'[48](『연대기』, 1. 73)라는 타키투스^{Tacitus}의 발언^{dictum}을 인용하면서도 그것이 비롯된 법적·정치적 맥락에는 주목하지 않는다. 루브리우스^{Rubrius}는 '거짓맹세로 아우구스투스의 정령^{numen}을 모독한' 죄로 티베리우스 앞에 고발당했다(그렇다면 '황제의 정령genius을 걸고 한' 특수한 유형의 맹세가 문제인 셈인데, 이러한 맹세는 로마 제정기 때 널리 행해지게 되었다). 문제는 거짓맹세 일반이 크든 적든 처벌받을 수 있느냐가 아니라 루브리우스가 거짓맹세 때문에, 즉 불경죄$^{lèse\ majesté}$로 고발당해야만 하느냐이다. 티베리우스^{Tiberius}는

---

47) 여기서 무엇을 공인sanction한다는 것은 단순히 '승인'한다는 의미가 아니라 무엇보다도 그것에 '제재'를 가할 수 있다는 의미로 이해되어야 한다.
48) "신들에게 행한 잘못은 신들의 소관이다."

언어의 성사 63

당시에는 그러한 고발(타키투스에 따르면 그는 나중에 이러한 고발을 잔인하게 남용하게 된다)에 대해 탐탁치 않아하며 비아냥거리면서 다음과 같이 선언한다. "맹세에 관해서 반드시 고려되어만 하는 것은 그가 유피테르를 속였는가 하는 점이다. 신들에게 행한 잘못은 신들의 소관이다$^{deorum\ iniurias\ dis\ curae}$." 그것은 결코 성급한 평자의 말처럼 '로마법의 태곳적 원리'의 문제가 아니라 그냥 신심이 별로 없는 것으로 유명한(circa deos et religiones negligentior[49]) — 수에토니우스^{Suetonius}, 『티베리우스의 생애』, 69) 황제의 비아냥거림의 문제일 뿐이다. 이 점은 나중에도 똑같은 원리가 언표되는 경우가 또 있으며 이 경우에도 역시 '최고의 정령$^{numen\ principis}$'을 걸고 한 맹세에 대한 불경죄의 적용 가능성이라는 동일한 사안이라는 사실로 확인된다(여기에서도 황제의 반응은 부정적이며, 필경 티베리우스의 발언^{dictum}을 인용한 것일 텐데, 그는 다음과 같은 의견을 제시한다: iusiurandi contempta religio satis deorum ultorem habet[50]) — 『로마법대전$^{Codex\ iuris}$』, 4, 1, 2; Schied, 333에서 인용).

공인이 덧붙어야만 어떤 것을 법적인 것으로 간주해야 한다는 주장은 잘못된 것이다. 반대로 울피아누스^{Ulpian}가 분명히 선언하듯이 굳이 공인이 필요하지 않은 법들만이 완전하다^{perfecta}

---

49) "그는 신들과 종교적 사안들에 관해 엄청난 무관심을 보였다."
50) "맹세를 능멸한 자에게는 신의 복수로도 족하다" — 이는 222~235년간 로마제국 황제였던 알렉산드르 세베루스$^{Alexandre\ Severus}$의 교서에서 인용한 것이다.

고 할 것이며, 반면 어떤 공인이 필요하다는 것은 본질적으로 그러한 법이 불완전하다는^{imperfecta} 혹은 미완성된$^{minus\ quam\ perfecta}$ (Ulpian, *Liber Singularis Regularum*, prol., 1~2) 것임을 뜻한다. 같은 맥락에서 수많은 고대 법령에서 거짓말이 처벌받지 않았다는 것이 곧바로 그에 대한 처벌이 신들의 소관임을 뜻하는 것은 아니다. 차라리 우리는 여기서 법과 종교에 앞서 있는 '언어'라는 영역과 관계하고 있으며, 맹세는 바로 법과 '*religio*'가 되기 위해서 언어가 통과해야만 하는 문턱을 표상한다고 해야 할 것이다.

그리스 시대의 맹세를 연구한 플레샤$^{Joseph\ Plescia}$의 책을 보면 다음과 같은 대목이 있다. "대략 이렇게 말할 수도 있을 것이다. 즉 6세기까지만 해도 거짓맹세에 대해서는 신들이 벌할 것이라는 관념이 맹세의 오용에 대한 억지력으로서 효과적이었다. 하지만 5세기부터 소피스트 운동의 개인주의와 상대주의가 적어도 특정 계층 사이에서는 맹세에 대한 오랜 통념을 서서히 침식하기 시작해고, 거짓맹세에 관한 한 신들에 대한 두려움이 약해지기 시작했다"(Plescia, 86~87). 하지만 이러한 단정들은 그저 플레샤 개인의 견해를 반영하는 것에 불과하다. 이러한 주장은 명백한 아이러니인 플라톤의 한 대목(『법률』, 12. 948b~d)에 대한 오해에서 비롯된 것이다. 이 구절에서 라다만티스^{Radamanthys} — 맹세를 재판에 도입한 것은 그의 공으로 여겨진다 — 는 "당시 사람들은 신들이 있다는 것을 분명히 믿었다는 점"을 깨닫고 있었고, "그래서 당연히 당시 사람들 대부분이 신들의 자손이며, 이야기에서 분명히 드러나듯이 다른 누구보다도 본인이 그중의 하나라고 보았던" 사람이라고 찬사를 받고 있다. 재판 당사자들이 맹세를 이용하는 것에 대해 분명한 반대 입장이던 플라톤이 라다만티스가 "분쟁중인 각각의 사안에 관해 계쟁중인 당사자들에게 맹세를 하게 함으로써 신속하고도 무사히 분쟁 해결을 보게 했다"고 덧붙이고 있다는 사실 때문에 이 아이러니는 한층 더 두드러진다. 바로 다음에 덧붙는 '재판 당사자들이 맹세를 하지 않아야 하는 이유' 또한 아이러니한데, 아주 뿌리 깊은 것이라고 여겨지는 이러한 열성에 대해 전혀 향수를 보이지 않는다.

> 근자에 어떤 사람들은 신들을 전혀 믿지 않고 있는가 하면, 또 어떤 이들은 신들이 우리 인간들에 대해 아주 마음 쓰지 않는 것으로 생각하고 있다고 합니다. 그렇지만 대다수의 그리고 가장 고약한 사람들의 의견은 신들이 제물과 아첨을 조금이라도 받게 되면 많은 재물을 빼앗도록 도와주며, 대개는 저들로 하여금 큰 처벌을 면하도록 해준다고도 하고요. 그러니까 요새 사람들에게는 라다만티스 식의 방책이 재판에서 더 이상 적절하지 않다는 겁니다.

곧이어 소송 당사자들의 맹세에 대한 본질적인 반대 이유가 나오는데, 재판에서 당사자들에게 맹세를 하도록 하는 것이 사실상 거짓맹세를 강요하는 것이나 다름없다는 것이다. "나라에 송사가 끊이지 않는 한 드러나는 것은 결국 시민들 중 거의 절반이 거짓맹세자라는 사실이며 이를 인정할 수밖에 없다는 것은 참으로 끔찍한 일이기 때문입니다"(『법률』, 10. 887a에서 플라톤이 '신들의 존재를 가정하고 법 제정nomothetountes ōs ontōn theōn'을 하려는 시도에 관해 빈정거리는 대목 또한 참고하라).

(13)

맹세와 밀접한 연관이 있는 또 다른 제도가 'sacratio'[51])이다. 맹세가 'sacratio'(또는 'sacratio'와 혼동되기 쉬운 또 다른 제도인 'devotio')의 한 형식이라는 데는 고전들뿐만 아니라 사실상 대다수 학자들의 의견이 일치한다. 양자의 경우 모두에 있어 인간은 'sacer'한 것이 되는데, 즉 신들에게 바쳐지고 ('devotio'의 경우에서와 같이 자발적으로, 혹은 누가 그를 죽여도 정당한 것이 되는 'maleficium'[52])을 범했기 때문에) 인간 세상으로부터 차단된다. 페스투스[Sextus Pompeius Festus]에 보면 다음과 같이 되어 있다. "'sacra-

---

51) *sacratio*: (L) 신성하게 만듦, 축성祝聖, 성별聖別. '*sacratio*'는 특정 범죄를 저지른 죄인에 대한 일종의 처벌로 가해졌다. 죄인에게 '성스럽게 될지어다*sacer esto*'라고 선언함으로써 '호모 사케르*homo sacer*'가 된 죄인은 공동체에서 추방될 뿐만 아니라 신과 인간의 보호를 받을 자격도 박탈되었다. 직접적으로 사형에 처해지지는 않았지만 그를 죽이는 것이 살인으로 간주되지는 않았다. '*sacratio*'는 신의 보호를 받는 제도들을 침해하거나 피후견인에게 부정을 저지른 후견인, BC 5세기 중반부터는 평민 출신 호민관에게 위해를 가한 자에게 내려졌다.
52) *maleficium*: (L) 나쁜 짓, 악행, 범죄; 위해, 침해.

mentum'53)(맹세를 뜻하는 두 개의 라틴어 중 하나)이란 맹세의 봉헌과 함께 행해지는 행위$^{\text{iusiurandi sacratione interposita}}$를 이른다"(Festus, 466. 2). 그래서 벤베니스트는 다음과 같이 쓰고 있다. "'*sacramentum*'이라는 말에는 (……) '*sacer*'하게 하다는 관념이 내포되어 있다. 맹세에서는 사람에게 영향을 미칠 수 있는 가장 가공할만한 것, 즉 '성스러운' 것의 특징이 연상된다. 이때 '맹세'는 특정 조건 위에서 자신을 '*sacer*'하게끔 만들기 위해 고안된 조작이라는 모습을 띤다"(Benveniste [2], 2: 168/437). 노아유$^{\text{Pierre Noailles}}$가 재판에서의 맹세에 대해 다음과 같이 쓴 것도 같은 맥락이라고 할 수 있다. "소송 당사자 본인도 자신을 봉헌했는데, 즉 맹세를 통해 자신을 '*sacer*'하게 만들었던 것이다"(Noailles [1], 282~83). 히르첼$^{\text{Rudolf Hirzel}}$이 거짓맹세자에 대해 다음과 같이 쓴 것도 마찬가지다. "그의 상황은 자신을 마네스^{Manes}54)에게 바쳤던 로마의 '*sacer*'와 다를 게 없었는데, 그도 역시 로마의 '*sacer*'처럼 모든 종교적·시민적 공동체에서 배제될 수 있었다"(Hirzel, 158). 같은 맥락에서 맹세를 일종의 '*devotio*'로 볼 수도 있다.

> 일단 맹세의 정형구문이 말해지면 그것을 행하는 자는 미리 '바쳐진^{devoted}' 사람이다. (……) 그러니까 맹세는 '*devotio*'의 일종이다. 앞에서 살펴보았듯이 그리스어 '*horkos*'는 자신이 한 말을 어길 경우를 대비해

---

53) *sacramentum*: (L) 성사聖事; (입대 군인의) 선서; 맹세, 서약; 분쟁 공탁금.
54) *manes*: (L) 망자의 영혼, 하계下界의 신들(이의 연장선에서 '하계', '저승', '죽음'을 의미하기도 한다).

복수의 신에게 자신을 바쳐 온전히 그의 처분에 따른다는 것을 의미하기 때문이다(Benveniste [2], 2: 243/498).

맹세에서 저주(ara[55], imprecatio[56])가 중요한 이유가 바로 여기 있는데, 맹세의 발화에는 구성상 필연적으로 저주가 동반된다. 고대 로마에 대한 지식의 보고인 플루타르코스는 대표적으로 『로마의 문제들Questiones romanae』에서 이미 "모든 맹세는 거짓맹세에 대한 저주로 끝난다eis kataran teleutai tēs epiorkias"(Plutarch, 44)고 한 바 있다. 사실상 학자들 사이에서는 저주를 맹세의 본질로 보아 맹세를 조건부 저주로 곧잘 규정하고 있다. "저주는 맹세의 본질적 부분으로 나타난다. 맹세의 이러한 본질적 측면이 저주의 맹세에서 가장 순수하고도 강하게 드러나기 때문에 저주의 맹세야말로 가장 강력한 맹세라고 여겨졌다. 저주는 본질적이고 시원적인 것이다"(Hirzel, 138~139). 또한 "맹세란 무엇보다도 저주이다. 즉 만약 그가 거짓을 말하거나 이미 약속된 행위를 하지 않는다면 이는 곧 자신을 저주하는 것이다"(Hirzel, 141에서 인용).

하지만 비케르만은 저주 없는 맹세도 있을 수 있으며(물론 인용된 사례들이 그리스어나 라틴어 고전들을 지시하고 있지는 않다) 맹세 없는 저주 또한 있을 법하다고 주장했다(Bickermann, 220/889). 글로즈Gustave Glotz에 따르면 맹세에는 반드시 저주가 따르지만 그

---

55) *ara*: (G) 빌기, 기원; 저주; 파괴, 앙갚음, 보복.
56) *imprecatio*: (L) 재앙을 빌기, 저주.

렇다고 저주와 맹세가 동일한 것은 아니다. 따라서 글로즈의 견해가 보다 정확한 것으로 보이는바, 공문서들에 포함된 '맹세에 저주를 덧붙여라^{tōi horkoi tan aran inēmen}'(Glotz, 752)는 권고는 이러한 맥락에서 이해해야 할 것이다. 하지만 맹세는 통상 흉조와 길조의 표현 모두를 수반하며, 가장 엄숙한 정형구문들에서는 축복 다음에 저주가 이어진다는 점을 조건부로 이렇게 말해야만 할 것이다. "성심껏 맹세하고 자신의 맹세에 끝까지 충실한 자에게는 자녀들이 기쁨을 주고, 땅은 풍성한 곡식을 내며, 가축들은 번성하고 또 다른 축복들이 그들과 그들의 자녀들에게 넘칠지어다. 그러나 거짓맹세한 자에게는 땅은 소출을 내지 않고 가축들은 새끼를 낳지 않으며 그들과 가축들이 끔찍하게 죽을지어다!"(Glotz, 752). 하지만 축복은 빠질 수 있는 반면 저주는 통상적으로 반드시 들어가야만 한다(Hirzel, 138). 호메로스에게서는 이것이 원칙인데, 그에게서 보면 저주에 장황한 몸짓과 의식이 수반된다. 예를 들면 파리스^{Paris}와 메넬라오스^{Menelaus}의 결투에 앞서 트로이아 인들과 아카이아 인들이 맹세를 교환하는 장면에서 아트레우스^{Atreus}가 동이에서 포도주를 퍼내어 땅에 쏟으며 다음과 같은 정형구문을 소리 내어 말할 때가 그러한 경우이다. "둘 중 어느 쪽 백성이든 먼저 맹세에 어긋나는 짓을 하는 자들이 있다면 그들의 골이 이 포도주처럼 땅에 쏟아질지어다"(『일리아스』, 3. 299~300).

그렇다면 맹세는 다음 세 가지 요소의 결합으로부터 나온다고 볼 수 있는데, 첫째가 보증이요, 둘째가 신들을 증인으로서 소환하는 것이며, 셋째가 거짓맹세에 대한 저주이다. 같은 맥락에서 맹세란 '*pistis*' 유형의 요소(말로 표현되는 상호 신뢰)와 '*sacratio-devotio*' 유형의 요소(저주)를 결합한 제도라고 할 수도 있다. 하지만 현실에서 이 세 가지 제도들은 (맹세와 'sacratio' 둘 다를 의미하는 말인 'sacramentum'의 예에서 볼 수 있듯이) 어법상으로나 사실상으로나 서로 긴밀히 얽혀있어서 학자들 사이에서는 (비록 이러한 인접성의 함의들을 전부 깨닫지는 못했지만) 이것들을 단일한 제도로 다루는 경향이 있다. 그러므로 '*pistis-horkos-ara*'나 '*fides-sacramentum*'의 등위어구들이 단일한 제도를 가리킨다는 점을 잊지 않는 것이 현명할 것이다. 우리는 이 제도의 의미와 기능을 이해하려고 노력해야만 하는데, 이는 법적이기도 하고 종교적이기도 한(혹은 전(前)법적이기도 하고 전(前)종교적이기도 한) 아주 원시적인 제도임에 틀림없다. 그런데 이렇게 되면, 다시 말해 이러한 관점에서 보면 맹세는 자신만의 고유성을 잃고 '*fides*'나 저주와 명확하게 구분할 수 없게 되어버리는 듯하다. '*fides*'와 저주 이 두 제도는 — 특히 저주에 관해서는 — 성격이 전적으로 분명한 것은 아닌데도 어쨌든 상대적으로 학자들의 주목을 받지 못했다. 그러므로 맹세에 대한 분석은 무엇보다도 맹세가 저주와 맺고 있는 관계라는 문제와 대결해야 한다.

(*)

플라톤의 『크리티아스』에 나오는 맹세 장면에 대한 묘사(119d~120d)는 '*pistis*', '*horkos*', '*ara*'의 상호 귀속을 아주 잘 보여준다. 맹세를 한다는 것은 여기서 '신의를 서약하는' 방식으로 규정되며, 다른 한편 '엄청난 저주'를 비는^{epeuchomenos} 것은 맹세 자체이다. "그리고 왕들은 판결을 내리고자 할 때 먼저 서로에게 다음과 같은 방식으로 서약했다네$^{pisteis\ allēlois\ toiasde\ edidosan}$. (……) 비석에는 그 법에 덧붙여 신의를 저버린 자에게 엄청난 저주를 비는 맹세$^{horkos\ ēn\ megalas\ aras\ epeuchomenos\ tois\ apeithousin}$가 새겨져 있었다네. (……) 그런 다음 그들은 동이에서 술을 황금 국자로 퍼 올려 불 위에 헌주하면서 먼저 위반한 자는 비문에 새겨진 법에 따라 심판해 처벌할 것이라고 맹세했다네."

(14)

그런데 일단 맹세의 구성 성분을 주의 깊게 검토해보면 조금 놀라울 정도의 용어상의 불확실성과 혼동에 직면하게 된다. 맹세의 특징들 중 하나가 신들을 증인으로 불러내는 것이며, 이 점에 관해서는 키케로에서 글로즈에 이르기까지, 성 아우구스티누스에서 벤베니스트에 이르기까지 고대와 현대를 막론하고 모든 권위자들 사이에서 이견이 없다. 그래서 암모니오스 Ammonius는 아리스토텔레스의 『명제론 De interpretatione』(4a)에 대한 자신의 주석에서 맹세는 '신의 증언 martyria tou theou'이라는 점에서 선언 apophansis과는 다르다고 구별한다. 이렇듯 끝없이 되풀이되는 주장에 따르면 맹세란 신의 증언이 첨부되는 보증이다. 고전들에서 확인되는 명령형 정형구문 'martys esto'[57](핀다로스, 『송시 Pythian Odes』, 4. 166: karteros horkos martys estō Zeus, "강력한 맹세이신 제우스께서 우리의 증인이 될지어다")나 'istō Zeus'[58](『일리아스』, 7. 411: horkia de Zeus istō, "이 맹약에 대해서는 제우스께서 증인이 될지어다")를 보면 이 점에 관해서는 의문의 여지가 없는 듯하다.

하지만 정말 그럴까? 여기서 문제가 되는 증언은 어떤 식으로든 쟁점이 되거나 입증될 수 없기 때문에 고유한 의미에서의 증언, 예컨대 재판에서 증인의 증언과는 본질적으로 다르다는 주장이 있다(Hirzel, 25). 또한 거명되는 신들의 숫자가 '적법한 신들'('nominoi theoi' 또는 'theoi horkioi')의 숫자를 훨씬 넘어 8명의 신, 16명의 신, 결국에는 (히포크라테스 선서의 예에서 보이듯이) '모든 신들'을 포함할 때까지 늘어나는 경향이 있을뿐더러 강과 나무, 심지어는 생명이 없는 대상들(『일리아스』, 15. 39의 '결혼 침상 lechos kouridion')까지 포함시키는 경우도 왕왕 있다. 아무튼 결정적인 것은 맹세에 있어서의 증언은 법률적인 의미에서의 구체적인 증언 문제가 결코 아니라는 점이다. 왜냐하면

---

57) '(……)가 증인이 될지어다.'
58) '제우스께서 (……)이 될지어다.'

우리가 상상할 수 있는 여느 증언들과는 달리 맹세에서의 증언은 (신의) 소환과 동시에 발생하며, 이러한 소환과 더불어 성취되고 소진되기 때문이다. 우리가 신들이 하는 일을 (일부 고전들로 미루어 짐작할 수 있듯이) 증언으로서가 아니라 보증을 제공하는 것으로서 이해한다고 해도 사정은 다르지 않다. 증언과 마찬가지로 이 경우에도 어떠한 영속적인 보증도 맹세 시점에서건 이후에서건 기술적으로 일어날 수 없다. 맹세를 소리 내어 말함으로써 보증의 제공도 이미 성취된 것으로 전제되기 때문이다(Hirzel, 27).

그렇다면 맹세란 그러한 일이 일어나고 있다는 바로 그 사실로 증언(또는 보증)을 독립적으로 성취하는 구두 행위인 셈이다. 위에서 인용한 핀다로스의 정형구문 '*karteros horkos martys estō Zeus*'("강력한 맹세이신 제우스께서 우리의 증인이 될지어다")는 여기서 온전한 의미가 드러난다. 제우스는 맹세에 대한 증인이 아니라 오히려 그러한 정형구문을 소리 내어 말하는 순간 맹세와 증인과 신이 합치하는 것이다. 필론의 예에서와 마찬가지로 맹세는 반드시 성취되는 말씀logos이며 이것이 다름 아닌 하느님의 말씀logos이다. 증언은 언어 자체에 의해 주어지며, 신은 바로 그러한 발화 행위 속에 함축된 잠재력을 지칭하는 것이다.

그러므로 맹세에 있어서 문제가 되는 증언은 우리가 통상 증언이라는 말로 이해하는 것과는 별 상관이 없는 의미로 이해되어야만 한다. 그것은 어떤 사실이나 사건의 입증에 관한 것이 아니라 순전히 언어가 갖는 의미화하는 힘$^{\text{signifying power}}$에 관한 것이다. 헥토르가 아킬레우스에게 맹세에 대해 논하는 대목(『일리아스』, 22. 254~255)을 보면 신들께서는 '모든 합의^{harmoniaōn}의 가장 훌륭한 증인^{martyroi}이시며 수호자^{episcopoi}'라고 되어있는데, 신들이 그러한 증인이자 수호자인 이 '합의', 즉 '모아서 맞춤' — 이것이 '*harmonia*'[59]라는 말의 원래의 의미인데, 이는 목공 木工의 어휘에서 나온 것이다 — 은 오로지 말과 사물(사태)을 결합하는 것, 곧 그러한 것으로서 '로고스'일 때만 뜻이 통한다.

(*) 헤시키오스$^{\text{Hesychius of Alexandria}}$의 난외주석 — *horkoi: desmoi sphragidos* — 은 맹세를 '도장^{seal}의 결합'(혹은 'sphragideis'로 읽는다면 '날인^{sealing}')으로 규정한다. 엠페도클레스의 「단편」, 115에서는 같은 맥락에서 '위대한 맹세로 봉인된^{sealed} 신들의 영원한 법령$^{\text{plateessi katesphrēgismenon horkois}}$'이라고 되어 있다. 여기서 문제가 되는 결합은 오로지 화자와 그의 말을, 그리고 동시에 말과 실재를 결합하는 것일 때만 뜻이 통한다. 히르첼은 약속의 맹세뿐만 아니라 선언의 맹세도 신의 증언에 호소한다는 사실에 주의를 환기하고 있다. 이는 적절한 것이라고 할 수 있는데, 왜냐하면 선언의 맹세에서 신의 증언에 호소한다는 것은, 여기서 문제가 되는 것이 의미 자체, 곧 언어가 지닌 의미화하는 힘

---

59) *harmonia*: (G) 결합, 접합, 일치, 조화, 화합.

자체가 아니라면 아무런 의미도 없는 듯하기 때문이다.

(15)

증인으로서의 신들의 개입이라는 문제를 떠나 저주에서 신들의 역할이라는 문제에 주의를 돌려보아도 사정이 더 명쾌한 것은 아니다. 저주가 폴리스에서 중요한 기능을 수행했다는 점은, 리쿠르고스의 맹세에 관한 입론[60]과 완벽한 유비로 데모스테네스^{Demosthenes}가 헌정^{politeia}의 수호자들로서 인민, 법률^{nomoi}과 나란히 (우리에게는 언어도단으로 보일 수도 있지만) 저주^{arai}를 언급하고 있는 사실로 증명된다(Demosthenes, 20. 107). 비슷하게 키케로도 사람들 사이의 결합이 실현되지 않을 수 없다는 점을 환기시키면서 저주와 '*fides*'를 모두 거론하고 있다(『베레스를 고발하는 1차 연설』, 5. 104: ubi fides, ubi exsecrationes, ubi dexterae complexusque?[61]). 그런데 저주란 무엇이며 여기서의 기능은 과연 무엇일까? 용어 자체만을 놓고 봤을 때도 이미 분명함과는 거리가 멀다. 그리스어에서건 라틴어에서건 저주를 가리키는 말들은 서로 상반되는 의미들을 지닌 듯하다. 그리스어 '*ara*'

---

60) "우리의 민주주의를 하나로 묶어주는 힘은 맹세이다."
61) "그의 약속*fides*은 무엇을 말하며, 그가 자신에게 퍼부을 저주들*exsecrationes*은 무슨 소용이며, 우정과 상호 인정의 서약들은 무슨 소용이란 말인가?"

(와 이에 대응하는 동사 'epeuchomai')는 어휘 용례집들에 따르면 '기원新願'(그리고 '기원하다')과 '저주'(그리고 '저주하다')라는 두 가지 뜻을 모두 갖고 있다. 이러한 사정은 라틴어 *'imprecor'*[62])와 *'imprecatio'*의 경우에도 마찬가지인데, 이것들도 '빌다'와 '저주하다'는 뜻 모두에 대응한다('봉헌하다'는 뜻의 'devoveo'[63])의 경우도 마찬가지인데, 이 말도 저승의 신들에게 바쳐지는 'devotio'의 경우에는 기술적인 의미로 '저주하다'는 뜻에 해당한다). 주지하다시피 *'sacratio'* 제도에 관한 모든 어휘에는 이러한 모호함이 나타나며, 그렇기 때문에 나는 다른 곳에서 이를 복원하려고 했던 것이다.

다시 한 번 말하지만 저주에 대한 해석들은 주술-종교적인 것의 원초성이라는 패러다임을 무비판적으로 답습하며, 기껏해야 모호하기는 매한가지인 '신령스러운 힘'(『고대 그리스·로마 및 기독교 사전*Reallexikon für Antike und Christentum*』, 1161쪽의 '저주Fluck' 항을 보라)으로 거슬러 올라가거나 종교를 '법의 효력을 보완하는 실용적 대안'(Ziebarth, 57)으로 묘사할 뿐이다. 그래서 제르네는 「고대 그리스의 형법*Le droit pénal de la Grèce antique*」이라는 논문에서 다음과 같이 쓸 수 있었던 것이다.

법의 기원에 있어서는 저주의 역할이 중요했다. 5세기 테오스에서 출

---

62) *imprecor*: (L) (천벌 따위를 내려달라고) 빌다, 저주·악담하다, 기도·기원하다.
63) *devoveo*: (L) (맹세하고) 바치다, 봉헌하다, 저주하다, 마법에 걸리게 하다, 호리다.

간된 공개적인 저주들의 편람에서 볼 수 있듯이 저주는 때때로 법을 공인하거나 법을 대신하는 것이었다. 테오스에서 저주는 국가 안보와 도시의 생존 자체와 직결된 모든 위반과 범죄를 막기 위해 안출된 것이었다. 따라서 저주의 사용이 무엇보다도 종교 생활과 성소의 관행에서 영속화된 것은 자연스러운 일이었지만 여기에서 저주는 그저 지극히 뿌리 깊은 전통의 문제일 따름이었다. 저주는 종교적 힘들의 협력을 전제로 한다. 어떤 의미에서 이 힘들(원리상 이것들은 개별적인 형태로 표상되지 않는다)은 구두 의식이 지닌 홀리는 힘으로 응축되어 죄를 범한 자의 모든 삶의 원천들을 말라붙게 함으로써 그와 주변에 있는 것들에 작용한다. 저주는 심지어 땅에까지, 땅에서 나고 땅에서 양분을 얻는 것에까지 치명적인 효과를 미친다. 그와 동시에 그리고 그것이 바로 '*devotio*'라는 사실 때문에 그것은 사회에 의해 구성된 종교 공동체로부터의 추방이기도 하다. 그것은 고유한 의미에서의 **금지령**interdiction을 통해 나타나며, 구체적인 적용에서 그것은 '법의 외부에 둠'인 것이다(Gernet [2], 11~12).

제르네 같은 분별 있는 학자가 어떻게 치바르트Erich Ziebarth의 낡은 주장들을 반복하면서 저토록 명백히 불충분한 해석에 만족할 수 있는지는 주술-종교적 사실의 시원성이라는 패러다임의 위세가 아니고서는 설명될 수 없다. 저러한 해석에서는 '구두 의식이 지닌 홀리는 힘', '종교적 힘', 그리고 그것들의 '치명적 효과들'과 같은 신화적 전제들이 당연한 것으로 여겨질 뿐만 아니라(이는 역사 시대의 맹세에서는 저주가 오롯이 입증된다는 점과는 분명히 대비된다) 저주가 그 자체로 독립적인 제도인지 아니면 '*devotio*'와 동일한 것인지, 종국에는 맹세 자체와 동일한 것인지도 알 수 없게 되어 이윽고 그것의 기원이 되어버리는 것이다.

그러므로 종래의 정의들 — 이 정의들은 저주가 신들을 향한 탄원이라고 보며 그리하여 결국 거짓맹세를 벌주기 위해 신들은 증인에서 보복자가 되어버린다 — 을 잠정적으로나마 괄호 안에 두는 대신 결국에 저주에 관건인 것은 무엇인가를, 다시 말해 맹세 안에서 저주가 갖는 내재적인 기능은 무엇인가를 자문해보는 것이 이로울 것이다. 일반적인 견해에 따르면 맹세에서는 신들(보다 정확히 말하자면 신들의 이름)이 두 번, 그러니까 첫 번째는 맹세의 증인으로서, 두 번째는 저주에서 거짓맹세를 벌주는 자로 언급된다. 언어 밖에서 설명을 추구하는 신화적 정의들을 제쳐둔다면, 두 가지 경우 모두에서 공통적으로 볼 수 있는 것은 관건은 말과 사실(또는 행동) 사이의 관계이며 이것이 맹세를 규정한다는 점이다. 첫 번째 경우에서 신의 이름은 언어의 실증적 힘, 말하자면 말과 사물(사태) 사이의 올바른 관계("강력한 맹세이신 제우스께서 우리의 증인이 될지어다")를 표현한다. 두 번째 경우에서 그것은 언어의 허약함, 즉 이 관계의 파열을 표현한다. 이 이중의 가능성에 대응하는 것이 저주의 이중 구조인데, 이미 보았듯이 저주는 그 자체가 축복으로도 나타난다. "내가 만약 이 맹세를 어김없이 완수한다면 ^{euorkounti} 내게 좋은 일이 있을지어다. 하지만 만약 내가 이 맹세를 어기고 위증한다면^{epiorkounti} 그와 반대의 일이 내게 있을지어다"(Glotz, 752; Faraone, 139). 말과 사물(사태) 사이의 결합을 의미하고 보증하는 신의 이름이 이 관계가 깨질 경우에는 저주로 바뀌는 것이다. 어느 경우에나 본질적인 것은 축복과 저주의 공기원성$^{co\text{-}originarity}$, 그것들은 본질적으로 맹세에서 같이 나타난다는 사실이다.

(*)

앞서 인용한 치바르트의 논문이나 헨드릭슨$^{George\ Hendrickson}$의 논문(Hendrickson, 1926)에 비해 그간의 평론들은 별다른 진보를 이루지 못했다. 이 점을 깨닫기 위해서는 상당한 지면을 들여 쓰인 『고대 그리스·로마 및 기독교 사전』의 '저주' 항목 — 이 문제에 관해서는 파울리$^{August\ Pauly}$와 비소바$^{Georg\ Wissowa}$ 등이 편찬한 『고전학 백과사전$^{Realencyclopädie\ der\ Classischen\ Altertumswissenschaft}$』과, 다랑베르$^{Charles\ Daremberg}$와 사글리오$^{Edmond\ Saglio}$가 편찬한 『고대 그리스·로마 사전$^{Dictionnaire\ des\ Antiquités\ Grecques\ et\ Romaines}$』에서도 다루고 있지만 지극히 적은 지면만이 할애되었다. 특히 '다랑베르-사글리오' 사전에서는 저주가 부셰-르클레르$^{Auguiste\ Bouché\text{-}Leclercq}$가 쓴 '*devotio*'에 관한 논문에서 살짝 언급되는 정도로만 다루어졌다. 이러한 점을 보완하기 위해 위 사전의 '저주' 항목은 많은 지면을 할애하고 있다 — 을 읽어보는 것으로 충분하다. 패러원$^{Christopher\ Faraone}$의 최근 연구는 (대체로 사적 영역을 향해 행해지는) 축복과 저주를 모두 담고 있는 맹세와 (공적 영역에서 주로 사용되는) 저주만을 동반하는 맹세 사이의 차이에 초점을 맞추고 있다. 어쨌든 맹세를 종교적인 힘에 호소해 법의 효력을 보장하려는 것으로 보는 종래의 설명을 뛰어넘어 맹세와 저주의 관계를 탐구하려는 시도는 아직까지 없었다.

(16)

치바르트는 풍부한 증거 자료를 통해 저주가 그리스의 입법과 사실상 한 몸임을 증명한 바 있다. 저주는 아주 본질적인 기능을 했는데, 고전들이 참된 '정치적 저주'에 관해 말하고 있는 것은 이 때문으로 그것은 항상 법의 효력을 확인하는 기능을 했다. 카론다스^{Charondas}의 법률 전문前文에는 다음과 같이 쓰여 있다. "공언된 것은 반드시 지켜야 한다^{emmenein}. 하지만 지키지 않는 자는 정치적 저주$^{ara\ politikē}$를 받게 되리라"(스토바이오스 Stobaeus, 『선집^{Florigelium}』, 44, 40; Ziebarth, 60에서 인용). 이와 비슷하게 디온 크리소스토모스$^{Dio\ Chrysostom\ of\ Prusa}$에 따르면 아테네인들은 솔론의 법률에 어린아이들과 자손들$^{paides\ kai\ genos}$에게까지 미치는 저주를 못박아두었다(ethento — 이 표현은 'nomon tithenai', 즉 '법률을 제정하다'라는 표현에서처럼 강한 의미로 이해되어야 한다)고 한다(Dio Chrysostom, 80. 6). 치바르트는 아테네에서 스파르타,

레스보스에서 테오스와 키오스Chios, 마침내 시켈리아의 식민지들(타오르미나Taormina)에 이르는 모든 그리스 도시국가들의 법제에서 '정치적' 저주가 나타나는 양상을 추적한 바 있다. 정치적 저주는 심지어 '종교적인' 요소가 전혀 없는 문제들에도, 예컨대 아테네에서는 기름을 제외한 농산물의 수출을 금지했는데 이 같은 문제들에도 관여했다(Ziebarth, 64). 더구나 거리에서 포고를 알리는 사람인 케릭스kēryx는 사람들이 모이는 곳이면 어디에서나 민족을 배신하거나 그들의 결정을 위반하는 사람에 대한 저주를 엄숙히 소리 내어 말했던 것이다. 치바르트는 다음과 같이 논평하고 있다. "이는 제정된 법질서 전체가 주권재민의 원리에 따라 저주ara로써 공인됨을 의미한다"(같은 책, 61). 맹세뿐만 아니라 저주도 참된 '권력의 성사'로 기능하는 것이며, 이러한 의미에서 저주를 '정치적'이라고 하는 것은 온당하다.

파울러William Fowler가 밝혀냈듯이(Fowler, 17), 12표법[64] 체계에서 나타나는 'sacer esto'[65]라는 정형구문을 저주의 일종으로 보는 것은 이와 같은 맥락에서 가능한 것이다. 하지만 그것은 파울러가 생각하듯이 터부의 산출로 다루어져야 할 것이 아니라 법의 구조 자체, 법이 현실과 관계하는 방식을 규정하는 공인

---

[64] BC 451~450년에 제정된 것으로 추정되는 고대 로마 최초의 법전. 평민들의 요구에 따라 제정되었다고 전해지며, 온전한 형태로 남아있지는 않다. 따라서 그 내용에 관한 대부분의 지식은 후세의 법률 저작에서 취한 것들이다.
[65] '성스럽게 될지어다.'

sanction으로 다루어져야 할 것이다(talio esto[66])/sacer esto)(Agamben, 31/22). 아직까지도 논란의 대상(이는 단지 법사학자들 사이에서만 논란이 되는 것은 아니다)인 '호모 사케르$^{homo\ sacer}$'라는 수수께끼 같은 형상은 이렇게 보면 덜 모순되어 보인다. '호모 사케르'에게 가해진 (그리하여 그를 죽일 수는 있지만 희생 제물로 바쳐질 수는 없게 만드는) '*sacratio*'는 저주의 확장(아마도 이는 호민관을 지키기 위해 처음으로 평민들에 의해 수행된 확장일 것이다)일 따름이며, 이를 통해 법이 미치는 한계가 규정된다. 달리 말하자면 나중에 형법이 세워질 터^{locus}를 닦은 것은 '정치적' 저주인 셈이다. 처벌의 역사에 특징적이라 할 만한, 믿을 수 없을 정도의 비합리성에 대해 어느 정도 이해할 수 있게 해주는 것이 바로 이처럼 특이한 계보이다.

(*)

'율법의 저주$^{katara\ tou\ nomou}$'에 대해 말하는 바오로의 구절들(「갈라티아 신자들에게 보낸 서간」, 3장 10~13절[67])은 법과 저주가 기술

---

66) '그에 상응하는 보복이 있을지어다.'
67) "율법에 따른 행위에 의지하는 자들은 다 저주 아래 있습니다. '율법서에 기록된 모든 것을 한결같이 실천하지 않는 자는 모두 저주를 받는다'고 성경에 기록되어 있기 때문입니다. 그러니 하느님 앞에서는 아무도 율법으로 의롭게 되지 못한다는 것이 분명합니다. '의로운 이는 믿음으로 살 것이다'했기 때문입니다. 율법은 믿음과는 관련이 없습니다. '그 규정들을 실천하는 이는 그것들로 살' 따름입니다. 그리스도께서는 우리를 위해 스스로 저주받은 몸이 되시어, 우리를 율법의 저주에서 속량해 주셨습니다. 성경에 '나무에 매달린 사람은 모두 저주받은

적으로 사실상 한 몸이라는 관점(이러한 관점은 유대교에서도 나타나지만 —「신명기」, 21장 23절[68] 참조 — 특히 그리스 문화의 영향 하에 있던 유대인들에게는 아주 익숙한 것이었다)에서 이해되어야 한다. 행위(율법에 따른 행위)를 통해 구원받기를 바라는 자들은 모두 (다음은 바오로의 주장이다) "저주 아래 있습니다. '율법서에 기록된 모든 것을 한결같이 실천하지(emmenei — 이 말은 카론다스의 법률에 나오는 것과 같은 단어이다) 않는 자는 모두 저주를 받는다[hupo katara eisin]'고 성경에 기록되어 있기 때문입니다." 스스로를 율법의 판단과 저주에 내맡김으로써 그리스도는 "우리를 위해 스스로 저주받은 몸이 되시어, 우리를 율법의 저주에서 속량해 주셨습니다. 성경에 '나무에 매달린 사람은 모두 저주받은 자다'라고 기록되어 있기 때문입니다." 바오로의 주장은 (따라서 속량의 참된 의미는) 법과 저주의 (종교적일 뿐만 아니라 법률적인 의미에서) 상호 귀속이라는 맥락에 놓일 때만 이해될 수 있다.

(17)

자다'라고 기록되어 있기 때문입니다."
[68] "그 주검을 밤새도록 나무에 매달아 두어서는 안 된다. 반드시 그날로 묻어야 한다. 나무에 매달린 사람은 하느님의 저주를 받은 자이기 때문이다. 너희는 주 너희 하느님께서 너희에게 상속 재산으로 주시는 땅을 부정하게 만들어서는 안 된다."

맹세와 거짓맹세에서 보이는 신들의 이름이 이렇듯 축복(덕담)$^{bene-diction}$과 저주(악담)$^{male-diction}$라는 이중적 원자가$^{原子價;\ valence}$를 지닌다는 점을 어떻게 이해해야 할까? 거짓맹세나 저주와는 아주 밀접한 관련이 있었기 때문에 이것들과 종종 명확히 구별되지 않는 제도가 있다. 아마도 이 제도는 거짓맹세와 저주를 올바로 해석하는 데 필요한 열쇠를 마련해 줄 수 있을 듯하다. 독신$^{瀆神;\ blasphemy}$[69])이 바로 그것이다. 「독신과 완곡어법$^{La\ blasphémie\ et\ l'euphémie}$」이라는 제목의 연구(원래는 어느 학회에서 행한 강연인데, 이 학회의 주제가 하느님의 이름과 신학어의 분석이었다는 점은 의미심장하다)에서 벤베니스트는 독신과 거짓맹세와 맹세 사이의 인접성(프랑스어에서 이러한 인접성은 어원이 같은 'juron'[70])과 'jurer'[71])에서 명확히 드러난다)을 자주 언급한다.

사회는 예배 밖에서 하느님의 이름이 불릴 경우에는 엄숙한 환경을 요구하는데, 그처럼 엄숙한 환경이 바로 맹세이다. 그러므로 맹세란 일종의 '*sacramentum*', 진실에 대한 지고의 증인인 하느님께 호소하는 것이며 거짓말이나 거짓맹세를 하는 경우에는 천벌을 내려달라는 기

---

69) 여기서 '독신'이라 함은 신의 이름을 들먹이는 욕설로 영어의 'Good God!', 'God almighty!', 프랑스어의 '*Bon Dieu!*', '*Nom de Dieu!*' 따위의 표현을 말한다. 대체로 '제기랄!', '빌어먹을!' 등의 의미이다.
70) *juron*: (F) 독신, 욕설, 모독·모욕하는 말.
71) *jurer*: (F) 맹세하다, 서약하다, 선서하다, 단언하다, 모독하다, (모욕적인 말을) 내뱉다.

도이다. 맹세는 인간이 할 수 있는 가장 진지한 서약이자 그가 저지를 수 있는 가장 심각한 위반인 셈인데, 거짓맹세란 인간들의 정의와 관련되는 것이 아니라 신의 공인$^{divine\ sanction}$과 관련되기 때문이다. 이런 이유로 신의 이름은 반드시 맹세의 정형구문으로 나타내야 한다. 독신의 경우에도 반드시 하느님의 이름이 나타나는데, 독신도 맹세처럼 하느님을 증인으로 부르기 때문이다. 욕설^{juron}도 일종의 맹세이지만 이는 분노의 맹세이다(Benveniste [4], 255~256).

나아가 벤베니스트는 독신에는 감탄사적인 특성이 있음을 강조하는데, 그래서 그것은 아무런 메시지도 전달하지 않는다. "독신으로 소리 내어 말해지는 정형구문은 딱히 어떤 객관적 상황을 지시하지는 않는다. 똑같은 독신이 전혀 다른 상황에서도 소리 내어 말해지는 것이다. 그것은 다만 이러한 상황들에 대한 반응의 강도를 표현할 뿐이다. 그것은 2인칭이나 3인칭을 가리키지도 않는다. 독신은 아무런 메시지도 전달하지 않고, 아무런 대화로 개시하지 않고, 어떤 대답을 야기하는 것도 아니며, 심지어는 대화 상대의 존재조차도 불필요하다"(같은 곳). 그러므로 이 언어학자가 독신을 설명하기 위해 언어 분석은 제쳐두고 '하느님의 이름을 소리 내어 말하는 것에 대한 성경의 금지'(같은 곳, 254)를 언급한다는 점(벤베니스트가 히브리 전통에 호소하는 일은 별로 없는데, 이 대목이 드문 사례 중의 하나이다)은 상당히 뜻밖이다. 독신이 발화 행위임은 분명하지만 이는 바로 '하느님의 이름으로 그러한 분노를 대신하는'(같은 곳, 255) 일이다. 이 금지는 사실상 어떤 의미론적인 차원의 내용을 대상으로 하는 것이 아니라 이름의 단순한 발음, 즉 '입에 담는 것 자체'(같은 곳)를 대상으로 하는 것이다. 곧바로 이어지는 프로이트로부터의 인용문은 심리학적인 차원에서의 독신에 대한 해석을 도입한다. "하느님의 이름에 대한 금지는 인간의 가장 강렬한 욕망 가운데 하나, 즉 성스러운 것을 속되게 하고자 하는 욕망을 억누른다. 잘 알려져 있다시피 성스러움은 양가적인 행위들을 불러일으킨다. 종교 전통은 신적인 성스러움만을 간직하고 저주 받은 성스러움은 차단하려고 해왔다. 독신은 그 나름대로, 하느님의 이름 자체를 속되게 함으로써 이러한 전체성을 회복하려고 하는 것이다. 하느님이 가진 것이라고는 오직 그분의 **이름**이므로 사람들은 그분의 **이름**을 모독하는 것이다"(같은 곳).

오로지 인도유럽어들의 유산에 대한 연구에 전념했던 언어학자가 성경 자료에 호소하는 것은 (언어학적 사실에 대한 심리학적 설명과 마찬가지로) 아무래도 좀 이상한 일이다. 사실상 유대-그리스도교 전통에서 독신이란 (그것의 현대적 형태인 'nom de Dieu!', 'sacré nom de dieu!'[72] 유형에서처럼) 하느님의 이름을 부당하게 부르는 데 있는 것이 맞는다면[73] 하느님의 이름을 불경

---

[72] '하느님의 이름으로', '하느님을 두고(걸고)'라는 축어적인 의미를 지닌 이 말들은 이차적으로는 '하느님 맙소사!', '제기랄!', '빌어먹을!' 등의 욕설의 의미를 나타낸다.
[73] 예컨대 "주 너의 하느님의 이름을 부당하게 불러서는 안 된다. 주님은 자기 이름을 부당하게 부르는 자를 벌하지 않은 채 내버려 두지 않는다"(「탈출기」, 20

하게 입에 담는 것은 고전어에서도 그만큼 흔하게 나타나며, 이는 언어학자들에게도 라틴어 감탄사 '*edepol*'74), '*ecastor*'(그리스어로는 'Nai ton Castora')75), '*edi medi*'76), '*mehercules*', '*mehercle*'의 형태로 상당히 친숙한 것이다. 이 모든 경우에 있어 저주의 정형구문이 맹세의 정형구문과 동일하다는 점은 의미심장하다. 그리스어 '*nai*'와 '*ma*'는 맹세를 시작할 때 쓰이며, 라틴어 '*edepol*'과 '*ecastor*'도 이탈리아어의 '*per dio*'와 영어의 'by God'과 마찬가지로 맹세를 나타내는 정형구문이다(게다가 이러한 감탄사가 맹세로부터 파생되어 나온 것임을 페스투스[112. 10]도 완벽히 인식하고 있다: Mecastor et mehercules ius iurandum erat, quasi diceretur: ita me Castor, ita me Hercules, ut subaudiatur iuvet77)).

그렇다면 독신은 맹세와 완벽한 대칭을 이루는 현상을 우리에게 제시해주고 있는 셈으로, 독신을 이해하기 위해 굳이 성경의 금지나 성스러움의 모호성 따위를 끌어들일 필요는 없다. **독신은 맹세의 일종이다. 다만 신의 이름이 선언이나 약속이라는 맥락에서 떨어져 나와 그 자체로, 부당하게, 의미론적인 내용과 무관하게 소리 내어 말해지는 맹세인 것이다.** 맹세에서는 신의 이름이 말과

장 7절; 「신명기」, 5장 11절).
74) 축어적 의미는 '폴리데우케스Pollux를 두고(걸고).'
75) 축어적 의미는 '카스토르Castor를 두고(걸고).'
76) 축어적 의미는 '데우스 피디우스Dius Fidius를 두고(걸고).'
77) "'*mecastor*'와 '*mehercules*'는 '와서 나를 도와 달라'는 뜻으로 '카스토르여, 부디 *ita me Castor*', '헤라클레스여, 부디*ita me Hercules*'라고 말해질 때와 마찬가지로 맹세의 정형구문이다."

사물(사태) 사이의 연관을 표현하고 보증하면서 로고스의 진실함과 힘을 규정하는 것이었다면 독신에서 신의 이름은 이러한 연관의 붕괴와 인간의 말의 덧없음을 표현한다. 맥락 없이 '부당하게' 불리는 하느님의 이름은 사물(사태)에서 말을 떨어뜨려 놓는 거짓맹세와 대칭을 이룬다. 맹세와 독신은, 그것들이 축복(덕담)과 저주(악담)인 한, 언어라는 사건 자체 속에 공기원적으로_{co-originarily} 내포되어 있는 것이다.

(*)

유대교와 그리스도교에서 독신은 '하느님의 이름을 부당하게 쓰지 말라'(「탈출기」, 20장에서 이 계명이 어떤 신상도 만들지 말라는 계명 다음에 이어진다는 점은 의미심장하다)는 계명과 연결된다. 70인역 그리스어 성서의 번역(ou lēmpsēi to onoma kyriou tou theou sou epi mataiōi; "주 너의 하느님의 이름을 부당하게 불러서는 안 된다")은 헛되고 헛됨이라는 관념을 강조한다(「코헬렛」의 서두의 'mataiotēs mataiotētōn', '허무로다 허무!' 참조). 그렇다면 시원적 형태의 독신은 하느님께 가해진 모욕이 아니라 그의 이름을 부당하게 입에 담는 것이다('mataioomai', '헛소리하다, 함부로 말하다' 참조). 이 점은 (프랑스어에서 'par Dieu'가 'pardi'나 'parbleu'가 된 예나 영어의 'gosh' 등의 예에서처럼) 철자를 하나 바꾸거나 비슷하지만 무의미한 용어로 그러한 이름을 대체함으로써 신의 이름을 불경하게 입에 담는 것을 어떻게든 교정하려고 했던 완곡어법들에서 분명히 드러난다. 일반적인 생각과는 달리 이교도들의 신앙에서도 (비록 이유는 달랐지만) 신들의 이름을 소리 내어 말하는 것에 대한 금지가 존재했다. 이는 어느 도시국가가 자신들의 수호신이 '*evocatio*'[78] 당하는 것을 막기 위해 그 신의 진짜 이름이 알려지지 않도록 조심하는 관습에서 극단적인 형태를 취했다(아래 18절을 보라). 그러므로 플라톤에 따르면, 그리스인들이 하데스^{Hades}를 플루톤^{Pluto}이라는 이름으로 부르길 선호했던 것은 '그 이름을 두려워했기 때문$^{phoboumenoi\ to\ onoma}$'(『크라틸로스』, 403a)이었다.

신의 이름을 말하는 행위의 효력에 대해 더 이상 의식하지 않게 되자 시원적 형태의 독신, 즉 신의 이름을 부당하게 입에 올리는 것은 하느님을 모욕하거나 거짓을 말하는 것에 비해 그리 중히 여겨지지 않게 되었다. 그리하여 독신은 '*male dicere de deo*'[79]에서 '*mala dicere de deo*'[80]가 되었던 것이다. 이러한 진화는 아우구스티누스(그는 의미심장하게도 거짓말에 대한 논고에서 독신을 다루고 있다)에서 이미 완결된다. 맹세와 거짓맹세의 원초적 인접성이 여전히 나타나지만 이제 독신은 하느님에 대해

---

78) *evocatio*: (L) 불러냄, 소환, 소집; 초혼招魂, 강신降神. '*evocatio*'는 국가적 위기, 특히 전쟁 시에 빈번히 행해진 의례로서, 고대 로마에서 이는 적국을 침공하거나 점령하기에 앞서 그들의 수호신에게 그들을 버리고 로마로 오면 극진한 대접을 하겠다는 약속하는 의례를 행함으로써 그 수호신의 비호를 받는 적국을 무력화시키려는 시도로 이루어졌다. 아래 20절도 참조
79) '하느님을 남용함.'
80) '하느님을 험담함.'

거짓을 말하는 것으로 규정되었다: *peius est blasphemare quam perierare, quoniam perierando falsae res adhibetur testis Deus, blasphemando autem de ipso Deo falsa dicuntur*[81](Augustine [1], 19. 39). 다음의 인용문에서는 이 점이 한층 더 분명하게 나타난다: *Itaque iam vulgo blasphemia non accipitur, nisi mala verba de Deo dicere*[82](Augustine [2], 11. 20).

시원적 형태의 독신을 맞닥뜨렸을 때 근대의 신학 사전들에서 보이는 당혹감은 그래서 나타나는 것이며, 이제 독신은 전적으로 용서 받을 수 있는 죄로 나타난다. "이러한 욕설들[jurons], 프랑스어 표현 's......n......de D......'[83])의 가장 의심스러운 대목은 그것이 지닌 (것으로 보이는) 모독적인 의미 때문에건 모든 사람들의 양심에 다소 미묘하게 불러일으키는 두려움 때문에건 수많은 도덕학자들에 의해 진정한 독신으로, 그래서 결국 중대한 죄로 여겨진다는 점이다. (……) 또 어떤 사람들, 즉 문제가 되는 말들의 의미가 중의적이라고 주장하는 사람들은 이런 식의 말이 독신이 될 수 있는 것은 다만 그럴 의도가 있을 때뿐이라고 말한다"(『가톨릭 신학 사전*Dictionnaire de théologie catholique*』의 '독신Blasphème' 항 참조).

「마태오 복음서」, 5장 33~37절[84]("「야고보 서간」, 5장 12절[85])

---

81) "거짓맹세보다 더 나쁜 건 독신이다. 거짓맹세에서는 하느님이 거짓말의 증인으로 내세워지는 반면 독신에서는 하느님에 대한 거짓말이 말해지기 때문이다."
82) "그래서 독신이라는 말은 통상 하느님에 대해 험담하는 것에만 적용된다."
83) *sacré nom de Dieu*.

도 참조하라)에 나오는 복음서의 맹세 금지는 이러한 맥락 속에 놓여야만 한다. 본질적으로 예수가 맹세와 반대의 위치에 둔 것은 통상 "'예'는 '예', '아니요'는 '아니요'"로 옮겨지는 '*nai nai, ou ou*' 형식을 지니는 말^{logos}이다(estō de ho logos ymōn nai nai, ou ou[86]). 이 표현은 우리가 맹세의 정형구문이 그리스어로 '*nai dia*'[87](또는 그것의 부정형인 'ou ma dia'[88])였음을 염두에 둘 때 온전한 의미를 얻는다. 이 정형구문에서 불변화사 '*nai*'를 끄집어내고 다음에 오는 신성한 이름을 제거함으로써 예수는 맹세의 한 부분을 전체에 대립시켰던 것이다. 그렇다면 이는 맹세의 문맥에서 하느님의 이름을 끄집어내는 독신과는 정반대되는 태도인 것이다.[89]

[84] "'거짓맹세를 해서는 안 된다. 네가 맹세한 대로 주님께 해 드려라'하고 옛사람들에게 이르신 말씀을 너희는 또 들었다. 그러나 나는 너희에게 말한다. 아예 맹세하지 마라. 하늘을 두고도 맹세하지 마라. 하느님의 옥좌이기 때문이다. 땅을 두고도 맹세하지 마라. 그분의 발판이기 때문이다. 예루살렘을 두고도 맹세하지 마라. 위대하신 임금님의 도성이기 때문이다. 네 머리를 두고도 맹세하지 마라. 네가 머리카락 하나라도 희거나 검게 할 수 없기 때문이다. 너희는 말할 때 '예' 할 것은 '예' 하고, '아니요' 할 것은 '아니요'라고만 하여라. 그 이상의 것은 악에서 나오는 것이다."

[85] "나의 형제 여러분, 무엇보다도 맹세하지 마십시오. 하늘을 두고도, 땅을 두고도, 그 밖의 무엇을 두고도 맹세하지 마십시오. 여러분은 '예' 할 것은 '예' 하고 '아니요' 할 것은 '아니요'라고만 하십시오. 그래야 심판받지 않을 것입니다."

[86] "너희는 말할 때 '예' 할 것은 '예' 하고, '아니요' 할 것은 '아니요'라고만 하여라."

[87] '(……)을 걸고 꼭 (……)하다'

[88] '(……)을 걸고 절대로 (……) 않다.'

[89] 이러한 해석을 토대로 위에 인용된 「마태오 복음서」, 5장 37절의 '*estō de ho logos ymōn nai nai, ou ou*'를 번역하면 다음과 같다: "너희는 말할 때에 (하느님이나

(18)

    이러한 토대 위에서 보면 맹세에 있어서의 저주의 기능뿐만 아니라 저주와 독신의 밀접한 관계도 훨씬 이해하기 쉬워진다. 저주란 무엇보다도 맹세에서 문제가 되는 말과 사물(사태) 사이의 관계가 헐거워졌음을 승인하는 것이기 때문이다. 언어와 세계를 하나로 묶어주는 연관이 깨진다면 축복(덕담)을 통해 그러한 연관을 표현하고 보증해주었던 신의 이름은 사물(사태)과의 진실한 관계를 깨뜨려버린 말의 이름, 곧 저주(악담)의 이름이 된다. 신화의 영역에서 이 말은, 곧 거짓맹세는 자신의 언어 남용으로 사악한 힘을 풀어놓지만 이 사악한 힘은 저주(악담)가 되어 역으로 거짓맹세와 맞서게 됨을 뜻한다. 의미화의 연관으로부터 풀려난 신의 이름은 공허하고 의미 없는 말, 곧 독신이 되며, 바로 이렇게 의미로부터 떨어져 나와 부적절하고 사악한 용도로 쓰일 수 있게 되는 것이다. 파피루스 주술 문서들이 대개는 알아보기 힘들게 된 신들의 이름 목록에 불과한 이유가 이로써 설명된다. 주술에서 부당하게 취해진 신들의 이름은 (그러한 이름들이 이교도의 신이거나 알아볼 수 없는 경우에는 특히나)

그 밖의 무엇을 걸고 맹세하지 말고) 하려는 것은 그저 '꼭 하겠습니다' 하고 하지 않으려는 것은 '절대로 하지 않겠습니다'라고만 하여라."

주술적 행위의 수행 주체가 된다. 주술은 곧 의미가 텅 빈 신의 이름 — 즉 '로고스'의 의미화하는 힘 — 이며, '에페소 문자Ephesia Grammata'90)라고 알려진 주술의 정형구문들에서처럼 뜻을 알 수 없는 소리, 즉 '아브라카다브라abracadabra'로 축소된 신의 이름이다. 이런 이유로 "주술사들은 프라크리트어Prakrit를 쓰는 인도에서는 산스크리트어를, 그리스 세계에서는 이집트어와 히브리어를, 라틴어를 쓰는 나라에서는 그리스어를, 프랑스에서는 라틴어를 썼다. 전 세계적으로 보면 사람들은 고어古語와 낯설고 이해하기 힘든 말들을 더 가치 있게 생각한다"(Mauss, 51/71).

주술과 주문은 맹세로부터 — 보다 정확하게는 거짓맹세로부터 — 나온 것이다. 진실의 정형구문이 훼손되어 알아들을 수 없게 되면 효과적인 저주로 변형되고, 신의 이름이 맹세로부터 그리고 사물(사태)과의 연관으로부터 떨어져 나오면 악마의 속삭임이 된다. 맹세가 주술-종교의 영역에서 나온 것이라는 게 통상적인 믿음이지만 이제 그러한 견해는 완전히 뒤집어질 수밖에 없다. 우리가 각각 주술, 종교, 법이라고 부르는

---

90) 에페소Ephesus는 로마 제국 초기 동부에서 가장 빠르게 성장했던 도시이자 상업의 중심지였다. 관련 기록들이 거의 남아있지 않지만 유대인 제사장이자 역사가였던 요세푸스Flavius Josephus에 따르면 에페소에는 상당히 큰 규모의 유대인 공동체가 있었다고 한다. 당시 에페소에서는 온갖 형태의 주술과 요술, 퇴마의식이 횡행했고, 에페소에는 유대인 퇴마사뿐만 아니라 그리스도교인 퇴마사들 — 아폴로니오스Apollonius of Tyana도 그러한 사람들 중 한 명이었다 — 까지도 모여들었다. 'Ephesia grammata', 즉 '에페소 문자'가 온갖 형태의 주문을 통칭하는 일반명사가 된 것은 바로 저러한 사정에서 비롯되었다.

데 익숙해져 있는 것들이 맹세에서는 차라리 여전히 미분화된 통일체로 나타난다. 주술·종교·법은 맹세에서 배태된 것, 말하자면 그 파편들인 것이다.

발화 행위에 자신을 걸어본 자는 그로 인해 자신이 진실과 거짓말 둘 다에, 축복(덕담)과 저주(악담) 둘 다에 공기원적으로 노출됨을 알았을 것이다. 그렇다면 '*gravis religio*'[91](Lucretius, 1. 63)와 법은 축복과 '*sacratio*', 맹세와 거짓맹세라는 특수한 제도들로 분리하고 전문화함으로써 신의를 확보하기 위한 시도로 태어나는 것이다. 저주는 이 순간 애초에는 말 속의 '*fides*'에 전적으로 맡겨졌던 것을 보증하기 위해 맹세에 덧붙여지는 어떤 것이 되며, 그리하여 맹세는 내가 앞에서 인용한 헤시오도스의 운문에서처럼 거짓맹세를 단죄하기 위해 고안된 것으로 제시될 수 있다. 맹세는 조건부 저주가 아니다. 반대로 저주, 그리고 이와 한 쌍인 축복이 맹세에서 문제가 되는 발화 경험이 분화되어 특수한 제도들로 생겨난 것이다. 『아이네이스』, 2권 154행에 대한 세르비우스의 난외 주석(exsecratio autem est adversorum deprecatio, ius iurandum vero optare prospera[92])은 저주와 맹세의 차이점뿐만 아니라 그것들이 본질상 단일한 언어 경험의 두 가지 대칭적인 부수 현상임을 분명하게 보여주고 있다. 그리고 우리가 이 경험(아리스토텔레스의 증언에 따르면 탈레스는 이 경험을 '가장 오래되고' '가장 존귀한 것'으로 여겼다)의 인류발생

---

91) '가혹한 종교' 또는 '종교라는 부담.'
92) "저주는 불운을 예방하기 위한 시도, 행운을 선택하기 위한 맹세이다."

적 본성과 원자가라고 할 만한 것을 어떻게든 이해할 때라야만 (주술, 종교, 법이 분리된 것으로 나타나는) 그러한 경험의 역사적 잔존물들remnants[93] 사이의 관계가 재조명될 수 있을 것이다.

(*)

지금까지 내내 학자들의 골칫거리였던 '*epiorkos*'라는 말의 어원학적 의미 문제를 이러한 관점에서 다시 다루어볼 수 있을 듯하다. 루터Martin Luther(그리고 처음의 벤베니스트)는 이 말을 '*horkos*'에 예속되어 있다는 사실로 해석한다(이 경우에 맹세는 저주와 동의어가 된다 — Loraux, 126/127도 참조하라). 로이만Manu Leumann(그리고 두 번째의 벤베니스트)은 루터와 달리 이 말을, 거짓으로 알려진 어떤 말이나 약속에 맹세horkos를 덧붙인다epi는 사실로 해석한다. 이 후자의 가설을 전개시키면 '*epiorkos*'에서 맹세에 덧붙은 어떤 맹세, 곧 '*fides*'를 위반한 자에게 가해지는 저주를 볼 수 있다. 이런 의미에서 최초의 선언에 덧붙여지는 말은 모두 다 저주(악담)이며, 이때 이 말은 화자가 거짓맹세자임을 암시한다. 이것이 다만 '*nai*'와 '*ou*'만 하라는 복음서의 처방[94]이 뜻하는 바다. '예'와 '아니오'만이 자기가 이미 한 말에

---

93) 이 책에서 '잔존물' 또는 '잔여'라 옮긴 'remnant'는 그리스도교의 구원론, 특히 사도 바오로의 구원론에 있어 핵심적인 역할을 하는 개념이며, 아감벤 역시 자신의 저술 곳곳에서 중요한 개념 장치로 활용하고 있다. 이에 관해서는 아감벤의 *The Time That Remains*(Stanford: Stanford University Press, 2005)와 『아우슈비츠의 남은 자들』(새물결, 2012)을 참고하라.

대한 자신의 서약에 덧붙여질 수 있는 유일한 말들이다.

(19)

맹세에서 신의 이름이 지니는 시원적 의미와 기능, 보다 일반적으로는 우리가 흔히 종교 장치^{apparatus}들이라고 부르곤 하는 장치들에서 신의 이름들이 차지하는 중심성 자체는 이러한 관점에서 따져봐야 한다. 위대한 문헌학자 — 어떤 의미에서는 신학자라고도 할 수 있는데 — 인 우제너의 『신들의 이름』은 전적으로 신들의 이름의 발생이라는 문제를 다룬 연구서인데, 이 책의 출간(1896년) 이래 이 문제에 관해 비견될 만한 연구들이 없었던 사실은 의미심장하다. 우제너는 자신이 '특수 신들^{Sondergötter}'이라고 부르는 그러한 신격의 맹아들의 이름이 어떻게 형성되었는지를 복원한 바 있는데, 이제는 이미 유명해진 이 복원에 대해 조금 따져볼 필요가 있다. 이것들은 문학 쪽이건 미술 쪽이건 고전에서는 전혀 언급되지 않고 다만 '인디기타멘타^{indigitamenta}'(각기 고유한 예배 환경에서 불리는 신들의 이름 목록을 담고 있는 대신관들의 전례서들)[95]의 인용을 통해서만 알려진 신들

---

94) "너희는 말할 때에 '예' 할 것은 '예' 하고, '아니요' 할 것은 '아니요'라고만 하여라"(「마태오 복음서」, 5장 37절).
95) *indigitamenta*: (L) 동사형 '*indigitare (indigito)*'('신들의 이름을 부르며 기도하다')

이다. 다시 말해 '특수 신들'은 이름만이 알려져 있으며 고전들에서 전혀 언급되고 있지 않다는 사실로 미루어볼 때 그러한 신들은 다만 사제가 그들을 의례상으로 불러낼^{indigitabat} 때만 사는 존재들, 말하자면 이름뿐인 존재들이다. 심지어 초보적인 언어학적 능력만 있어도 이 이름들의 의미와 그러한 이름으로 불리는 '특수 (임무를 띤) 신들'의 기능을 복원할 수 있다. 예컨대 베르박토르^{Vervactor}는 5월의 첫 번째 밭갈이$^{vervactum96)}$에 관여하며, 레파라토르^{Reparator}는 두 번째 밭갈이에, 인포르시토르^{Inporcitor}는 이랑^{porcae}을 따라 행해지는 마지막 밭갈이, 즉 밭고랑 사이의 흙을 높이는 작업에, 오카토르^{Occator}는 땅을 써레^{occa}로 고르는 작업에, 수브룬키나토르^{Subruncinator}는 괭이^{runco}로 잡초를 뽑아내는 일에, 메소르^{Messor}는 농작물을 수확^{messis}하는 일에, 스테르쿨리니우스^{Sterculinius}는 땅에 거름^{stercus}을 주는 일에 관여한다. 우제너는 다음과 같이 쓰고 있다.

> 당시 사람들에게는 중요했을 행위와 상황들에는 저마다 그에 맞는 특수한 임무를 띤 신들이 만들어져 음성^{音聲}적으로 서로 뚜렷이 구별되는 조어$^{造語; Wortprägung}$로 이름이 붙여졌다. 이런 식으로 행위와 상황들이 전체적으로 신격화될 뿐만 아니라 부분들과 각각의 단일한 행위들과 순간들까지도 신격화된다(Usener, 75).

참조
96) *vervactum*: (L) 밭갈이 때까지 놀리는 땅; 휴경지.

우제너는 페르세포네^{Persephone}와 포모나^{Pomona}처럼 신화 속의 신들조차도 원래는 각각 발아^{prosero}와 과실^{poma}의 숙성을 명명하는 '특수 신들'이었음을 보여준다. 모든 신들의 이름은 원래 어떤 행위나 별것 아닌 사건들의 이름들, 곧 오랜 역사적·언어적 과정을 통해 살아있는 어휘들과의 관계를 상실하고 점점 더 알아볼 수 없게 되었고 급기야 고유명들로 변형된 '특수 신들'이다(그리고 이것이야말로 우제너의 책의 핵심 주장이다). 이 순간에, 그러니까 이미 안정적으로 고유명과 결합되었을 때 "신 관념$_{Gottesbegriff}$은 신화와 예배, 시와 미술에서 인격적인 형태를 받아들일 수 있는 능력과 추동력을 얻는다"(같은 책, 316).

하지만 이는 ('특수 신들'의 예에서 분명하게 드러나듯이) 시원적인 맹아에 있어서는 단일한 활동과 단일한 상황을 주관하는 신이란 바로 그러한 활동과 상황의 이름에 다름 아님을 의미한다. '특수 신들'에서 신격화되는 것은 바로 이름이라는 사건, 곧 명명 자체이며, 어떤 제스처, 어떤 행위, 어떤 사물(사태)을 따로 분리해내어 이것들을 인식 가능하게 만듦으로써 '특수 신들'을 만들어내는 이 명명 자체가 '순간의 신성^{Augenblicksgott}'인 것이다. '이름^{nomen}'이 곧 '정령^{numen}'이고, '정령'이 곧 '이름'인 것이다. 바로 여기에 언어의 증거 및 보증 기능(전통적인 해석에 따르면 맹세에서 신이 떠맡게 된 기능)의 근원 또는 시원적 맹아와 같은 것이 있다. '특수 신'과 마찬가지로 맹세에서 불러내지는 신은 엄밀히 말해 선언이나 저주의 증인이 아니다. 그러한 신은 말과 사물(사태)이 분해될 수 없게 결합되어 있는 언어라는 사건 자체를 표상한다. 신은 언어라는 사건 자체이다. 모든 이름 짓기, 모든 발화 행위는 이러한 의미에서 하나의 맹세이며, 여기서는 '로고스'('말씀' 속의 화자)가 자기 말의 실현을 서약한다. 그 진실함을 두고, 다시 말해 그 안에서 실현되는 말과 사물(사태) 사이의 일치를 두고 맹세한다. 그리하여 신의 이름은 이러한 '로고스'의 힘의 유일한 징표[seal]이며, 만일 그것이 거짓 맹세가 되어버리는 경우에는 그리하여 생겨난 저주(악담)의 징표이다.

(∗)

우제너의 입론은 어떤 의미에서는 "언어의 기원은 항상 비의적·종교적 사건"(Kraus, 407)임을 암시한다. 하지만 이는 신학적 요소의 최고성을 뜻하는 게 아니다. 우제너가 처음부터 명시하듯이, 하느님이라는 사건과 이름이라는 사건, 신화와 언어가 서로 일치하는 것은 이름이 이미 이용 가능한 것이고 그래서 아직 이름이 없는 사물(사태)에 적용되는 것이 아니기 때문이다. "사람들이 어떤 소리 복합체를 발음한다면 그것은 화폐를 사용할 때처럼 어떤 규정적인 사물(사태)의 기호로서 사용하기 위함이 아니다. 영적인 흥분은 외부 세계에서 마주치게 되는 어떤 존재자가 불러일으키는 것인바, 그것은 이름 짓기의 계기인 동시에 매개체[der Anstoss und das Mittel des Benennens]이다"(Usener, 3). 이 말은 곧 언어라는 사건에서는 고유명과 보통명이 서로 구별될 수 없으며, '특수 신들'의 예를 통해 이미 보았듯이 신의 고유명과 특정 행위(써레로 땅을 고르는 일, 거름을 주는 일 등)를 기술하는 술어가 아직 분할되어 있지 않음을 의미한다. 명명과 지시의指示意; denotation(혹은, 이미 보았듯이 언어의 선언적 차원과 진실 말하기veridictional 차원)는 애당초 분리 불가능한 것이다.

(20)

앞서 보았듯이 벤베니스트는 「독신과 완곡어법」이라는 연구에서 독신을 정의하는 것으로서 감탄사적 특성을 강조한다. 그래서 그는 "독신은 일종의 절규로 나타나고, 그래서 감탄사로 이루어진 구문 배열을 갖는다. 그러므로 독신이야말로 가장 전형적인 감탄사의 예라고 할 수 있다"(Benveniste [4], 256)라고 쓰고 있다. 모든 절규와 마찬가지로 독신 또한 "갑작스럽고 격렬한 감정의 압박 아래서 '무심코 입 밖에 내는' 말"(같은 곳)이며, 모든 감탄사와 마찬가지로 — 비록 ('아!'와 '오' 같은 의성어 감탄사들의 경우와는 달리) 항상 그 자체로 유의미한 말들을 사용할지라도 — 의사전달적 특성을 갖고 있지 않다. 독신은 본질적으로 비非의미론적인 것이다.

카시러Ernst Cassirer가 (반투족의 '물룽구mulungu', 아메리카 인디언들의 '바칸다vakanda'나 '마니투manitu'처럼) 미개인들이 신격을 지칭

할 때 사용하는 표현들을 논하면서 그러한 표현들을 이해하기 위해서는 "가장 원시적이고 단순한 차원의 **감탄사**들로 거슬러 올라가야" 한다고 주장하는 점은 특기할 만하다. "알곤킨족의 '마니투', 반투족의 '물룽구'는 이런 식으로, 즉 어떤 사물(사태)보다는 어떤 **느낌**impression을 가리키는 외침이나 절규로 사용되며, 신기하거나 불가사의하거나 놀랍거나 무서운 어떤 것에 대한 반응을 나타내기 위해 사용된다"(Cassirer, 58/71). 다신교 신들의 이름에 대해서도 똑같이 말할 수 있는데, 다신교에서 신들의 이름 역시 본질적으로는 신화적·종교적 의식이 자신의 경외감을 표현하는 최초의 형식인 것이다(같은 곳).

신의 이름도 (그것의 다른 얼굴인) 독신처럼 본질적으로 감탄사 형식을 갖는 듯하다. 「창세기」, 2장 9절[97]에서 아담은 동물들의 이름을 지어주는데, 이것도 마찬가지로 어떤 담화였기보다는 일련의 감탄사들에 불과했을 것이다. 언어학자들에 따르면 이름들과 담화 사이의 이중성이 인간 언어의 특징인데, 이 이중성에 비추어보면 이름들은 시원적 지위에 있어서는 의미론적인 요소라기보다는 차라리 기호학적인 요소이다. 이름들은 언어라는 강이 그것의 역사적 생성 안에서 낙오시킨 시원적 감탄사의 흔적인 것이다.

독신은 본성상 의미론적인 것이 아니라 외침이나 절규 같은

---

[97] "그래서 주 하느님께서는 흙으로 들의 온갖 짐승과 하늘의 온갖 새를 빚으신 다음, 사람에게 데려가시어 그가 그것들을 무엇이라 부르는지 보셨다. 사람이 생물 하나하나를 부르는 그대로 그 이름이 되었다."

것이기 때문에 모욕(이 역시 분석이 쉽지 않은 언어 현상이다)과의 인접성을 보여준다. 언어학자들은 모욕을 특수한 유형의 수행어遂行語; performative terms로 규정한다. 이는 표면적인 유사성에도 불구하고 통상적인 분류어들classifying terms과는 모든 면에서 대립되는데, 분류어들이 서술되는 것을 규정적인 범주로 기입한다는 점에서 그러하다. '너는 바보'라는 문구는 '너는 건축가'라는 문구와 서로 대칭적이다. 하지만 이러한 대칭은 그저 표면적인 것에 불과한데, 왜냐하면 '너는 바보'라는 문구는 '너는 건축가'라는 문구와는 달리 어떤 주체를 인지적 부류로 기입하려는 것이 아니라 그것을 소리 내어 말함으로써 다만 특정한 실용적 효과를 산출하려는 것이기 때문이다(Milner, 295). 그렇다면 모욕은 서술어들predicative terms처럼 기능하기보다는 감탄문이나 고유명처럼 기능하는 것이며, 이 점에서 독신(그리스어 'blasphēmia'는 모욕과 독신 둘 다를 의미한다)과의 유사성을 보여준다. 그러므로 독신이, 아우구스티누스에서 이미 완성된 과정을 통해 하느님의 이름을 부당하게 입에 담는 것에서 모욕(mala dicere de Deo)의 형태, 즉 영탄조로 하느님의 이름을 부르는 데에 보태어진 무례한 말의 형태를 취하는 것으로 나아가는 것은 놀라운 것이 아니다. 모욕은 (비록 의미론적인 말로 보이지만 그저 표면적으로만 그럴 뿐) 독신의 '부당한' 특성을 한층 더 강화하며 이런 식으로 하느님의 이름은 이중적으로 부당하게 취해진다.

(*)

신의 이름이 지닌 특별한 힘은 '*evocatio*'라고 알려진 로마의 전쟁법(단츠Heinrich Danz와 비소바가 처음 사용한 이래 이 같은 경우에 지금까지 쓰여온 '신성법sacral law'이라는 용어를 내가 쓰고 싶어 하지 않는 이유는 분명할 것이다) 제도에서 분명하게 드러난다. 어느 도시국가의 포위 기간 동안 결정적 공세가 있기 직전에 지휘관은 적의 수호신들을 '불러냈는데evoked', 다시 말해 이름을 불렀는데 그리하여 그러한 신들이 도시를 버리고 보다 더 나은 숭배를 받게 될 로마로 옮겨오게 하기 위함이었다. 카르타고에 대해 사용된 '초혼곡招魂曲; carmen evocationis'의 정형구문이 마크로비우스Ambrosius Theodosius Macrobius 덕분에 지금까지 보존되었는데, 그 신의 고유명은 언급되어 있지 않다. "카르타고 사람들과 그 나라를 보호하시는 모든 신들께si deus est, si dea est, 특히 이 도시와 그 사람들을 보호하시는 당신께 기도하고 경의를 바치오며precor venerorque, 당신들 모두의 은총을 구하나이다. 카르타고 사람들과 그들의 나라를 버리시고, 그들의 땅과 신전과 성소와 도시를 떠나 (……) 로마로, 제게로, 제 나라로 오소서. 우리의 땅과 신전과 성소와 도시가 더 당신의 마음에 들고 흡족하시리이다. 그리하여 저와 로마 사람들과 제 병사들을 거두어주시면 저희도 그리 알리니, 당신들께서 그리 하시면 저는 신전과 엄숙한 사냥물을 당신들께 바칠 것을 맹세하나이다voveo vobis"(『사투르누스 축제*Saturnalia*』, 3. 9. 7~8).

이것이 초대가 아니라 이름을 소리 내어 말함과 결부된 순수한 구속력이라는 점은 적국에 의한 초혼^{evocation}의 위험을 피하기 위해 로마는 은밀한 이름 — 회문回文; ^{palindrome}으로 된 'Amor' 또는 리두스^{lydus}에 의하면(『월력에 관하여$^{De\ mensibus}$』, 4. 25) 'Flora' — 을 갖고 있었다는 사실을 통해 알 수 있다. 또한 로마와 마찬가지로 신들 또한 사제(혹은 주술사)에게만 알려진 은밀한 이름을 갖고 있었는데, 초혼의 효력은 이 은밀한 이름에 의해 보증 받았다. 그래서 신비의식들에서 디오니소스는 피리게네스^{Pyrigenēs}로, 루키나^{Lucina}는 일리티이아^{Ilithyia}라는 이방 이름으로, 페르세포네는 푸르바^{Furva}라는 이름으로 불렸고, 한편 로마의 기혼 부인들이 신비의식을 바쳤던 보나 데아$^{Bona\ dea}$의 진짜 이름은 남성들에게 알려지면 안 되었던 것이다(Güntert, 8). 여러 문화의 정형구문이나 액막이 부적 — 여기서 이름은 그러한 이름으로 불리는 힘^{potency}을 불러낼 뿐만 아니라 ('akrakanarba kanarba anarba narba arba rba ba a'라는 정형구문에서처럼[Wessley, 28]) 점차적인 소거를 통해 그러한 힘을 몰아내거나 파괴할 수도 있다 — 에서 마주치게 되는 이름의 주술적 힘은 바로 여기에 기초를 두고 있다. 맹세에서처럼(주술의 정형구문과 맹세 사이의 인접성은 '불러내다', '쫓아내다'라는 뜻의 동사 'horkizō'에서 증명된다. 예컨대 맹세에서와 다름없이 신의 이름을 대격으로 취하는 'horkizō se to hagion onoma'[98]라는 표현 — Güntert, 10) 이름을 소리

---

98) "나는 신성한 이름을 불러낸다 또는 쫓아낸다."

내어 부르는 것은 말과 사물(사태) 사이의 일치를 직접적으로 현실화한다. 맹세와 푸닥거리^{exorcism}는 존재자를 불러냄, 곧 '초혼'의 두 얼굴인 것이다.

(21)

그러므로 우리는 일신교에서 하느님의 이름의 본질적 최고성, 하느님과 그 이름의 동일시와 사실상 그 이름으로의 대체를 이해할 수 있다. 다신교에서는 신에게 **지정된** 이름$^{il\ nome\ del\ dio}$이 이런저런 언어라는 사건에 이름을 지어주는 것, 이런저런 구체적 명명, 이런저런 '특수 신'이었다면, 일신교에서 **하느님의 이름**$^{il\ nome\ di\ Dio}$은 언어 자체를 이른다. 명명이라는 신적 사건은 각기 고유한 만큼 잠재적으로 무한히 유포될 수 있지만 이제 이는 '로고스' 자체의 신격화에, 이름들 속에서 일어나는 언어라는 원사건$^{原事件;\ archi\text{-}event}$으로서의 하느님의 이름에 밀려난다. 언어는 하느님의 말씀이고, 필론에 따르면 하느님의 말씀은 곧 맹세이다. 말하자면 언어는 그분이 '로고스' 안에서 최고로 '진실한 자^{pistos}'로서 자신을 드러내는 한에서 하느님이다. 맹세하는 자는 하느님이고 인간이 다만 그러한 말의 화자일 뿐이지만 하느님의 이름을 두고 한 맹세 속에서 인간의 언어는 신의 언어와 교신한다.

그렇기 때문에 마이모니데스^{Maimonides}와 랍비 시대의 유대교에서는 하느님의 고유명의 지위에 관해 4자음 문자^{Tetragrammaton}99)가 사라지지 않고 나타났던 것이다. 그러한 점에서 4자음 문자는 — '*šem ha-meforaš*'100) 곧 '명료하게 발음되는 이름'일 뿐만 아니라 '별개의, 은밀한' 이름으로서 — 하느님의 이런저런 행동, 이런저런 신적 속성을 표현하는 단순한 보통 명칭^{kinnui}101)과 뚜렷한 구별이 유지된다. 마이모니데스는 다음과 같이 쓰고 있다. "다얀^{dayan}(재판관), 샤다이^{shaddai}(전능하신), 차디크^{tsaddik}(의로우신), 하눈^{channun}(은혜로우신), 라훔^{rachum}(자비로우신), 엘로힘^{elohim}(주님) 같은 다른 이름들은 (……) 의심할 여지없이 보통명사이자 파생어이다. 요드^{yod}, 헤^{hé}, 바브^{vau}, 헤^{hé}로 구성된 이름, 곧 'YHVH'라는 이름이 어떻게 나오게 된 것인지는 확실하게 알려져 있지 않으며, 이 말은 아무런 특별한 의미도 갖고 있지 않다"(Maimonides, 1: 61). 『랍비 엘리에제르의 피르케$^{Pirkè\ R.\ Eliezer}$』에서 따온 '세상이 창조되기 전에는 전능하신 그분의 이름만 있었다'는 구절을 주석하면서 마이모니데스는 다음과 같이 덧붙인다. "보라. 하느님의 이름으로 채택된 이 모든 보통명사들이

---

99) 시나이 산에서 모세에게 계시한 하느님의 이름. YHVH 또는 YHWH의 네 개의 자음으로 이루어지며, 유대인들에게는 너무나도 성스러운 것이라 감히 발음되거나 입에 담아서는 안 되는 것으로 여겨진다. 통상 '여호와' 또는 '야훼'로 음역된다.
100) *šem ha-meforaš*: (H) '입에 담을 수 없는 이름', '발음될 수 없는 이름'에 해당하는 히브리어.
101) *kinnui*: (H) 속칭俗稱.

창조 이후에 생겨난 것임을 저자가 얼마나 명쾌하게 진술하고 있는가. 이는 틀림없는바 그것들이 세상과 관련된 행동들을 가리키기 때문이다. 하지만 그분의 본질을 모든 행동들과는 무관한, 그것들과 분리되어 있는 것으로 본다면 그것을 보통명사가 아닌 오로지 본질만을 가리키는 고유명사로 서술하게 될 것이다"(같은 곳). 이 이름(즉 'šem ha-meforaš')이 고유하다는 것은, 마이모니데스에 따르면, "어떤 단순한 실체가 아니라 속성들을 지닌 실체를 가리키는" 다른 이름들과는 달리 그 실존이 곧 본질인 실존, 즉 "'절대적 실존'이라는 의미를 전달"하기 때문이다(같은 곳). '이름'(성경에서 'šem'[102]이라는 말은 종종 하느님의 동의어로 쓰인다)은 하느님의 존재이며, 하느님은 그러한 이름과 일치하는 존재이다.

(*)

숄렘[Gershom Scholem]은 「하느님의 이름과 카발라의 언어론」이라는 논문에서 카발라에서 하느님의 이름이 갖는 특수한 기능을 밝힌바 있는데, 카발라에서는 하느님의 이름이 '모든 언어의 형이상학적 기원'(Scholem, 10/5)이 되는 것으로 여겨진다. 카발라주의자들에 의하면, 하느님의 이름, 즉 인간이 그 이름을 두고 맹세하는 하느님의 이름은 인간의 언어를 낳고 또 계속 존

---

102) Šem: (H) '이름'에 해당하는 히브리어.

재하게 해주는 것이며, 인간의 언어는 이 이름을 이루고 있는 문자들의 분해·재조합·배치에 다름 아니다. 특히나 토라^{Torah}는 "전적으로 4자음 문자에 근거해 있다. 토라는 4자음 문자와 하나님의 별칭, 다시 말해 4자음 문자에서 파생될 수 있고 또 신의 구체적 속성들을 강조하는 보통명으로 짜여 있다. (……) 그러므로 토라는 생명을 지닌 조직組織과 구성, 즉 이 말의 가장 정확한 해석일 때의 '*textus*'103)인바, 여기서 4자음 문자는 일종의 기본적 동기이자 주도동기로서 가능한 모든 종류의 변용과 변형 속에서도 결국 자기 자신에게 회부된다"(같은 책, 50/38).

그리스도교 신학자들은 신적인 본성의 속성들과 그리스도 안에 본질적으로 통합되어 있는 인간적 본성의 속성들 사이의 교신을 규정하기 위해 '속성의 교신$^{communicatio\ idiomatum}$'을 말한다. 유사한 의미에서 하느님의 말씀과 인간의 말 사이의 '교신^{communicatio}'을 말할 수 있을 텐데, 카발라주의자들에 따르면 이러한 교류는 하느님의 이름 속에서 일어난다. 필론(위의 10절을 보라)에게서는 이 언어들(즉 하느님의 말씀과 인간의 말) 사이의 교류가 일어나는 장소가 바로 맹세인바, 여기서 하느님은 그분 자신을 걸고 맹세하며 인간은 하느님의 이름을 두고 맹세한다. 벤야민의 에세이 「언어 일반과 인간의 언어에 관하여」(앞서 인용한 숄렘의 연구는 바로 이 에세이를 나름의 방식으로 발전시킨 것이다)에서 '속성의 교신'이 일어나는 장소는 고유명인데, 이를 통

---

103) *textus*: (L) 엮음, 천, 조직組織, 원문, 문맥.

해 인간의 언어는 하느님의 창조 언어와 교신한다(Benjamin, 150/74).

(*)

「탈출기」, 3장 13절을 보면 모세가 이스라엘 자손들이 하느님의 이름이 무엇이냐고 물으면 뭐라고 대답해야 하느냐고 묻자 야훼는 *"ehyé ašer ahyé"*, 즉 '나는 있는 나다'고 대답하는 대목이 있다. 그리스의 영향력이 미치는 환경에서 나온, 즉 그리스 철학과 접촉하면서 만들어진 70인역 그리스어 성서는 이 이름을 *'egō eimi ho on'* 으로, 즉 존재$^{ho\ on}$에 해당하는 전문 용어로 번역하고 있다. 마이모니데스는 이 단락에 대해 주석하면서 하느님의 이러한 이름이 함의하는 바를 완벽히 인식하고 있었던 듯하다. "이어서 하느님은 모세에게 그들에게 뭐라고 가르쳐야 하는지, 그분 자신의 존재에 대한 믿음을 그들 사이에 어떻게 세울지를 가르쳤는데, 다시 말해 하느님은 *'ehyé ašer ehyé'* 라고 말씀하심으로 그리하셨던 것이다. 이 이름은 '있음, 존재함'을 뜻하는 동사 *'haya'*(그러니까 'haya'는 '있다'를 뜻한다)에서 파생된 것으로 히브리어에서는 '이다'와 '있다'라는 동사 사이에는 아무런 차이가 없다. 이 문구에서 핵심은 '있음 또는 실존'을 나타내는 바로 그 말이 하나의 속성(한정사)으로도 반복된다는 점이다. *'ašer'*[104]라는 말은 (……) 불완전 명사이다. (……) 이것은 이어지는 술어의 주어로 간주되어야만 한다. 서술되어야 하는 첫 번째 명사는 '*ehyé*'이고 첫 번째 명사를 서술하는 두 번째 명사 또한 '*ehyé*', 즉 똑같은 말이다. 마치 서술되어야 하는 대상과 서술에 이용되는 속성이 이 경우에는 필연적으로 똑같다는 것을 보여주기 위함인 것처럼 말이다. 그러므로 이 문구는 하느님이 존재한다는 관념을 표현하는 것이지만, 이는 그 말의 일상적인 의미로 그러한 관념을 표현하는 것이 아니다. 달리 말하자면, 그분은 '실존하는 존재인 실존하는 존재자', 말하자면 그의 실존이 절대적인 존재자이다"(Maimonides, 1:63).

(22)

하느님의 이름이라는 신학적 주제와 (본질과 실존이 합치하는) 절대 존재라는 철학적 주제의 연결은 가톨릭 신학에서 가장 확실하게, 특히 칸트 이래 흔히 존재론적이라고 규정되곤 했던 논증 형태로 수행된다. 해석자들이 밝힌 바 있듯이, 안셀무스 Saint Anselm of Canterbury가 『프로슬로기온*Proslogion*』에서 했던 유명한 논증의 힘은 가장 완전한 존재 또는 '그보다 더 위대한 것이 떠오르지 않는 것'이라는 개념으로부터 실존을 논리적으로 연역

---

104) *ašer*: (H) 히브리어에서 '~한 사람', '~한 것' 등을 뜻하는 관계사. 영어의 'who' 또는 'that'에 해당한다.

한 데서 나오는 것이 아니다. 차라리 그것은 '*id quo maius cogitare non potest*'105)를 하느님의 가장 고유한 이름으로 이해하는 문제이다. 하느님의 이름을 소리 내어 말한다는 것은 곧 그것을 이름과 존재, 말과 사물(사태)을 분리하는 것이 불가능한 언어 경험으로 이해한다는 것이다. 안셀무스는 『고닐로에 대한 반박서*Liber apologeticus contra Gaunilonem*』(그가 증명, 보다 정확히 말해 'vis probationis'106)를 말하는 유일한 텍스트) 말미에 쓰고 있듯이, "말해지는 것hoc ipsum quod dicitur은 그것이 이해되고 생각된다는 바로 그러한 사실에 의해eo ipso quod intelligitur vel cogitatur (……) 필연적으로 존재를 증명한다"(§10). 말하자면 그것은 무엇보다도 언어('말하기': hoc ipsum quod dicitur)라는 경험의 문제이며 이 경험은 곧 믿음의 경험이다. 이 논고의 원제가 '*fides quaerens intellectum*'107)이었고 '자신이 믿는 것을 이해하고자 하는 사람의 이름으로sub persona ...... quaerentis intelligere quod credit' 쓰였다고 밝히는 것을 안셀무스가 중요하게 생각하는 것은 바로 이 때문이다. 믿음의 대상을 이해한다는 것은 곧 맹세에서처럼 말해지는 것이 필연적으로 참이고 존재한다는, 그러한 언어 경험을 이해한다는 뜻이다. 다시 말해서 하느님의 이름은 '*fides*', 맹세의 차원에서 '로고스'의 지위를 표현하며, 여기서 이름을 부르는 것은 이름 불러지는 것의 실존을 즉각적으로 현실화한다.

105) '그보다 더 위대한 것이 생각될 수 없는 것.'
106) '증명의 힘(효력).'
107) '이해를 추구하는 믿음.'

50년 뒤 알라누스$^{Alain\ of\ Lille}$는 자신의 『신학정식집$^{Regulae\ theologicae}$』(『라틴 교부 총서$^{Patrologia\ Latina}$』, 210: 621~684)에서 신의 이름의 이러한 특별한 지위를 한층 더 밀어붙여 모든 이름들, 나아가 '*iustus*'108)나 '*bonus*'109)처럼 어떤 속성을 표현하는 이름까지도 하느님의 존재를 언급할 때면 하나의 대명사^{pronominatur}로 바뀐다고, 즉 모든 이름처럼 어떤 속성과 아울러 실체를 지시하는 게 아니라 이제 대명사나 고유명처럼 내용이 비어있는 순수한 실존(고전 문법의 사유 전통에서는 'substantia sine qualitate'110))을 가리키는 것이 된다고 쓰고 있다. 뿐만 아니라 대명사조차도 하느님의 술어가 될 때면 그 대명사를 규정하는 감각적이거나 지적인 실물 지시성을 잃고$^{cadit\ a\ demonstratione}$ 어떤 역설적인 '*demonstratio ad fidem*'111), 다시 말해 순수한 발화 행위 자체를 수행한다(apud Deum, demonstratio fit ad fidem112)).

아퀴나스$^{Thomas\ Aquinas}$가 '*qui est*' 곧 '있는 나'라는 이름에 관한 마이모니데스의 테제를 받아들여 다음과 같이 쓴 것도 같은 맥락이라고 할 수 있다. "(그것은) 절대적이어서 그것을 규정할 때 다른 것을 덧붙일 필요가 없는 존재를 이른다. (……) 그것은 하느님은 어떤 분인가$^{quid\ est\ Deus}$를 가리키는 게 아니라 바다와 같이 무한한 실존을 가리키며, 이는 마치 쉽게 가늠할 수 없어

---

108) *iustus* (*justus*): (L) 정의로운, 의로운, 공정한, 정당한, 적법한, 적정한.
109) *bonus*: (L) 좋은, 훌륭한, 착한, 선량한, 유익한, 존귀한, 어진.
110) '특성 없는 실체.'
111) '믿음의 증명.'
112) "하느님 앞에서의 증명은 믿음을 위한 것이다."

서 (……) 우리의 지성에 그분이 그저 있다$^{quia\ est}$는 사실 말고는 아무것도 남지 않는 것처럼, 그래서 흡사 그것이 모종의 뒤죽박죽 상태에$^{in\ quadam\ confusione}$ 있기라고 한 것처럼 그러하다"(Aquinas, d. 8, q. 1, a. 1). 그러니까 하느님의 이름의 의미는 아무런 의미론적 내용을 지니지 않으며, 차라리 모든 의미를 유예시켜 괄호 안에 둠으로써 순수한 발화 경험을 통해 순수하고 벌거벗은 실존을 선언한다고 할 수 있다.

그렇다면 이제 우리는 더 나아가 맹세에 있어 하느님의 이름이 지니는 의미와 기능을 명시할 수 있다. 모든 맹세는 이름 중의 이름, 다시 말해 하느님의 이름을 걸고 맹세한다. 왜냐하면 맹세는 모든 말을 고유명으로 여기는 언어 경험이기 때문이다. 순수한 실존 — 이름의 실존 — 은 인식의 결과도 아니고 논리적 연역의 결과도 아니다. 그것은 기의로 나타낼 수 없고 다만 맹세될 수만 있는, 즉 이름으로 선언될 수만 있는 어떤 것이다. 믿음의 확실성은 (하느님의) 이름의 확실성이다.

(∗)

1969년 『확실성에 관하여』라는 제목으로 출판된 원고 말미에서 비트겐슈타인$^{Ludwig\ Wittgenstein}$은 우리가 확실성이라고 부르면서 종종 '앎'과 혼동하는 것을 명확히 하기 위해 고유명의 예에 호소하면서 다음과 같이 의심한다. "나는 내가 루트비히 비트겐슈타인이라고 불린다는 것을 아는가, 아니면 단지 그렇게 믿는가?"(Wittgenstein, §491). 다시 말해 그는 이름들의 차원과 연결된 특유한 '보장'을 묻고 있는 것이다. 그것은 확실성의 문제, 보다 정확히는 '신뢰' 문제('나는 무엇을 믿고 의지할 수 있는가?Worauf kann ich mich verlassen?' – 같은 책, §508)이며, 그것을 의심한다면 우리는 모든 판단과 추론의 가능성 또한 포기하는 셈이다(같은 책, §494). "내 이름이 루트비히 비트겐슈타인이 아니라면, '참' 또는 '거짓'이 의미하는 바를 나는 어떻게 믿고 의지할 수 있을까?"(같은 책, §515). 이름의 고유성은 다른 모든 확실성의 조건이 되는 보장이다. 언어 안에서 모든 언어 게임이 토대를 두고 있는 바로 그러한 명명의 순간이 의문시된다면(내 이름이 루트비히 비트겐슈타인이고 '개'가 개를 뜻한다는 것이 확실한 것이 아니라면) 말하고 판단하는 것은 불가능하게 되어버린다. 하지만 비트겐슈타인은 여기서 문제가 되는 확실성이 (달에 간 적이 없다는 확실성처럼 – 같은 책, §662) 논리적이거나 경험적 유형의 확실성이 아니라 게임의 '규칙'과 같은 것이며 언어란 바로 그런 유형의 확실성임을 보여주고 있다.

맹세에서 그리고 하느님의 이름에서 문제가 되는 것은 이러한 종류의 확실성, 아니 차라리 '믿음'이다. 하느님의 이름은 항상 참인 이름, 오로지 참일 뿐인 이름, 즉 의심하는 것이 불가능한 언어 경험을 이른다. 인간에게는 이 경험이 맹세이다. 이런 의미에서 모든 이름은 맹세이며, 모든 이름에서는 '믿음'이 관건인 것이다. 그것은 이름의 확실성이 경험적-진위진술적empirico-constative 유형 또는 논리적-인식적 유형의 확실성이어서가 아니라 차라리 사람들의 서약과 실천을 항상 살아 움직이게 하기 때문이다. 말한다는 것은 무엇보다도 맹세한다는 것, 이름을 믿는다는 것이다.

(23)

이러한 관점에서 수행적 표현 이론 혹은 '발화 행위' 이론을 다시 읽어볼 필요가 있다. 이 이론은 철학자들과 언어학자들이 마치 언어의 주술적 단계에 맞닥뜨린 듯 20세기 사상에서 모종의 수수께끼를 표상하고 있다. 수행적 표현이란 어떤 정황을 서술하는 것이 아니라 직접 어떤 사실을 산출하는, 의미를 현실화하는 언어적 언표화linguistic enunciation이다. 이런 의미에서 '나는 맹세한다'는 '발화 행위'의 완벽한 범례인 셈인데, 수행적 표현에 대한 연구에서는 저렇게 언급하는(Benveniste [3], 270/234) 벤베니스트가 『인도유럽어와 그 사회』의 맹세에 관한 장에서는 그처럼 특별한 성격에 대해 아무런 설명을 하지 않고 있다는 점은 아무래도 이상하다. 우리가 지금까지 맹세의 지위를 복원하려고 애썼던 것은 그것이 사실상 수행적 표현 이론을 새로운 시각에서 이해할 수 있게 해줄 것이기 때문이다. 수행적 표현들은 언어에서 말과 사물(사태) 사이의 연관이 의미론적-지시적 유형이 아니라 (맹세에서처럼 구두 행위가 존재를 진실이 되게 한다는 의미에서) 수행적 유형의 연관이 되는 어떤 단계의 잔여remnant — 차라리 그런 구조의 공기원성 — 를 표상한다. 이미 보았듯이 이것은 주술-종교적 단계가 아니라 뜻sense과 지시의denotation 사이의 구별에 선행하는 (또는 그러한 구별과 동시에 발생한) 구조인바, 그러한 구별은 필시 우리가 여태 믿어왔던 것처럼 인간 언어의 본래적이고 영원한 특성이 아니라 역사적 산물일 것이다(그러한 것인 한 그것은 항상 존재해왔던 것도 아니고 언젠가 사라지지 않으리란 법도 없다).

수행적 표현은 실제로 어떻게 기능하는 것일까? 어떤 신태그마로 하여금 다만 그것을 소리 내어 말함으로써 사실의 효력을 획득하게 해주는 것은 무엇일까? 말과 사물(사태)은 어떤 심연에 의해 분리되어 있다고 말하곤 했던 저 오랜 격률의 굴레에서 벗어나도록 해주는 것은 과연 무엇일까? 확실히 여기서 본질적인 것은 수행적 표현의 자기 지시적 성격이다. 이러한 자기 지시성은 벤베니스트가 적고 있듯이(같은 책, 274) 수행적 표현 자체가 자신이 그것의 일부인 현실을 지시하는 한 자기 자신을 지시 대상으로 취한다는 사실로 오롯이 설명되지 않는다. 도리어 수행적 표현의 자기 지시성은 언어가 갖는 통상적인 지시적 성격의 유예를 통해서만 구성된다는 점을 명확히 할 필요가 있다. 수행 동사는 사실 (그 자체만을 놓고 보면) 순전히 지시적인 성격만을 갖는 발언dictum을 필연적으로 수반하며 그러한 발언이 없다면 공허하고 헛된 것이 되고 만다('나는 맹세한다'는 그 다음이나 앞에 그것을 메우는 발언dictum이 오지 않는다면 아무런 힘을 갖지 못한다). 수행적 신태그마의 대상이 되는 바로 그 순간 유예되고 의문에 부쳐지는 것은 발언^{dictum}의 이러한 지시적 성격이다. 그러므로 '나는 어제 아테네에 있었다' 또는 '나는 트로이인들과 싸우지 않겠다'는 지시적 표현들은 '나는 맹세한다'는 수행적 표현이 선행(또는 후행)하지 않는다면 그러한 것이 되지 않는다. 다시 말해 수행적 표현은 말과 사실 사이의 지시적 관계를 자기 지시적 관계로 대체한다. 다시 말해 전자를 유예시킴으로써 자신을 결정적 사실로 내세운다. 여기서의 진리 모형은 말과 사물(사태) 간의 조응이라는 모형이 아니라 발화로 인해 의미가 어김없이 현실화되는 수행적 모형이다. 예외 상태에서 법이 자신의 적용을 유예하는 것은 결국 그렇게 함으로써 자신의 실효성을 정초하기 위함이듯이, 수행적인 표현에서 언어가 자신의 지시의를 유예시키는 것은 결국 오로지 사물과의 자신의 실존적 연결을 정초하기 위한 것이다.

이러한 관점에서 볼 때 존재론적(또는 존재-신학적) 논증은 다만 발화가 존재한다면 하느님도 존재한다고, 하느님은 이러한 형이상학적 '수행'의 표현이라고 말하는 것일 따름이다. 그 속에서는 뜻^{sense}과 지시의^{denotation}, 본질과 실존이 일치하며, 하느님의 실존과 그분의 본질은 서로 다른 것이 아닌 한 몸인 것이다. 언어의 순수 실존^{darsi}의 결과 수행적으로 생겨나는 것은 그저 단순히 존재한다(on haplōs[113])). (비트겐슈타인의 테제를 바꾸어 말하

---

113) '순수 존재' 또는 '아무런 질적 규정 없이 존재함.'

면, 언어의 실존은 세상의 실존의 수행적 표현이라고 할 수도 있을 것이다.) 그러므로 존재신학은 언어의 수행이며 모종의 언어 경험(맹세에서 문제가 되는 언어 경험)과 공동 운명 속에 있는데, 이는 그 유효성, 그 쇠퇴가 그러한 언어 경험의 영고성쇠와 일치한다는 의미에서 그렇다고 할 수 있다. 이러한 의미에서 형이상학, 즉 순수 존재의 학문은 그 자체 역사적이며, 맹세 때 인간이 헌신하는 그러한 언어라는 사건의 경험과 서로 겹친다. 만약 맹세가 쇠퇴하고 있다면, 말에서 하느님의 이름이 빠지고 있다면(그리고 이는 '신의 죽음'이라고, 혹은 보다 정확히 말해져야 한다면 '신의 이름의 죽음'이라고 불려왔던 사건 이후 일어났던 일이다) 형이상학 또한 완성에 이른 것이다.

어쨌건 거짓맹세와 독신의 가능성이 여전히 남는데, 여기서는 말해지는 것이 실제 의도와는 상관없이 말해지고 하느님의 이름이 부당하게 취해진다. 발화의 수행적 구조와 지시적 구조의 공기원성$^{\text{co-originarity}}$은 '인도유럽어족 사회의 재앙'이 말하기라는 행위 자체 안에 기입되어 있음을, 다시 말해 말하는 존재자의 조건 자체와 본질적으로 한 몸임을 확인시켜준다. 이름과 담화, 참말과 거짓말, 맹세와 거짓맹세, 축복(덕담)과 저주(악담), 세계의 실존과 비실존, 존재와 무는 양자 모두 — 공기원적으로, 하지만 서로 완벽히 일치할 수는 없는 방식으로 — '로고스'와 함께 주어진다.

(*)

이교도의 잡신들에 대한 그리스도교 옹호자들의 반론이 그러한 신들이 실제로 존재하느냐의 여부가 아니라 단테가 베르길리우스의 입을 빌려 말했듯이 '가짜이고 거짓말하는'(『신곡』, '지옥편', 1. 72) 그들의 본성을 문제 삼았던 이유는 이렇듯 하느님의 이름의 수행적 힘 때문이라고 할 수 있다. 이교도의 잡신들은 실제로 존재하지만 참된 신들이 아니다. 그들은 (타티아누스Tatian에 따르면) 악령들이거나 (테르툴리아누스Tertullian에게는) 인간들이다. 그들의 이름이 잠재적으로 무한히 늘어날 수 있다는 점에 비추어볼 때 이교도의 잡신들은 거짓맹세와 다를 바 없으며, 본질적으로 거짓맹세자들이다. 반대로 참된 하느님의 이름을 부르는 것이야말로 모든 현세적 진실을 보증해준다(아우구스티누스: Te invoco, titus veritas, in quo et a quo et per quem vera sunt quae vera sunt omnia[114] — Augustine [3], 1. 3). 일단 언어의 수행적 힘이 유일신의 이름 안에 응축되면(이로 인해 하느님의 이름을 소리 내어 말하는 것은 사실상 어려워졌다) 여러 잡신들의 이름은 모든 효력을 잃고 언어적인 파산 수준에 떨어지며, 이렇게 되면 다만 지시적 의미만이 지각될 수 있는 것으로 남는다(테르툴리아누스가 비꼬는 투로 'Sterculus cum indigitamentis suis'[115])을 거론하

---

114) "당신께, 진리이신 하느님께 기도하오니 당신 안에서, 당신에 의해서, 당신을 통해서 참된 모든 것이 참되나이다."
115) "아마도 똥신Sterculus 따위가 아닐까?"

는 것은 이러한 의미에서라고 할 수 있다 – 『변증^{Apologeticus}』, 25. 10).

(24)

이러한 관점에서 보면 선언의 맹세와 약속의 맹세가 서로 분명히 구분된다는 것은 맹세에서 문제가 되는 발화 경험이 상실되었음을 뜻한다고 할 수 있다. 맹세는 선언도 아니고 약속도 아닌 다른 것, 푸코 식으로 말하자면 '진실 말하기^{veridiction}'로서, 그것을 소리 내어 말하는 주체와의 관계만을 그것의 수행적 효력의 유일한 규준으로 가지는 말이다. 선언과 진실 말하기는 말하자면 '로고스'의 공기원적인 두 얼굴인 것이다. 선언은 그것이 이루어지는 순간 주체와는 독립적으로 논리적이고 객관적인 매개 변수들(진실, 비모순, 말과 사물[사태] 사이의 조응이라는 조건들)에 의해 진실성이 평가된다는 의미에서 본질적으로 지시적 가치를 지니는 반면, 진실 말하기에서 주체는 자신이 하는 확언의 진실성과 수행적으로 결합됨으로써 스스로를 구성하고 그러한 것으로서 자신을 살아 움직이게 한다. 이런 이유에서 맹세의 진실성과 견고함^{consistency}은 수행성과 일치하고, 또 이런 이유에서 신을 증인으로 부르는 것은 어떤 사실적 증언을 뜻하는 것이 아니라 그의 이름을 소리 내어 부름으로써 수행적으로 현실화된다. 오늘날 우리가 엄밀한 의미에서 수행적 표현이라고 부르는 것(의미심장하게도 항상 소리 내어 일인칭으로 말해져야만 하는 '나는 맹세한다', '나는 약속한다', '나는 선언한다' 등의 발화 행위)은 이렇듯 그것을 소리 내어 말함과 함께 자신을 소진시키는 구성적 발화 경험 — 진실 말하기 — 이 언어 속에 남은 자취이다. 왜냐하면 말하는 주체는 그것에 앞서 존재하지도 않고 그 후에 그것에 결합되지도 않으며 발화 행위와 본질적으로 일치하기 때문이다.

여기서 맹세와 신앙 고백(homologia — 이는 그리스어에서 맹세를 가리키는 말이기도 하다) 사이의 수행적 인접성이 드러난다. 「로마 신자들에게 보낸 서간」, 10장 6~10절에서 '믿음의 말씀 to rema tēs pisteōs'을 말과 실재 사이의 일치라는 것을 통해 정의하는 것이 아니라 '입'과 '마음'의 가까움이라는 것을 통해 정의할 때 사도 바오로가 염두에 두고 있는 것은 진실 말하기의 수행적 경험이다. "'그 말씀은 너희에게 가까이 있다. 너희 입과 너희 마음에 있다.' 이것이 우리가 선포하는 믿음의 말씀입니다. 그대가 예수님은 주님이시라고 입으로 고백하고homologēsēis 하느님께서 예수님을 죽은 이들 가운데에서 일으키셨다고 마음으로 믿으면pisteusēis 구원을 받을 것입니다."

우리가 만약 진실 말하기를 하나의 선언인 척, 맹세를 지시적 표현인 척, (교회가 4세기 이래 공의회 신경conciliar creeds을 통해 그러기 시작했듯이) 신앙고백을 하나의 도그마인 척 말해보면 그러한 발화 경험은 파열되어 거짓맹세와 거짓말이 최종적으로 솟아나온다. 법과 종교는 바로 언어 경험에서 이러한 파열을 막기 위한 시도에서 태어난다. 법과 종교는 둘 다 발화를 사물(사태)에 묶어두려고, 저주와 파문을 통해 말하는 주체를 그들이 하는 발화의 진실화하는 힘에, 그들의 '맹세'에, 그리고 그들의 신앙 선언에 묶어두려고 애쓴다. 고대 12표법의 정형구문인 '*uti lingua nuncupassit, ita ius esto*(형식을 갖춘 말로 행해졌으면 ― 이름을 삼았으면 nomen capere ― 그것이 곧 법이 될지어다)'는 법적 발화의 수행적 잠재력을 표현하는데, 이는 말해지는 것이 진위진술적으로 참이라는 의미가 아니라 다만 발언^{dictum} 자체가 실행^{factum}116)이며 그러한 것으로서 발언한 사람에게 의무를 지운다는 의미이다. 이러한 의미에서 종교나 원시 신성법의 힘^{potenze}에 의거해 맹세의 효력을 설명하는 일반의 견해를 다시 한 번 반전시킬 필요가 있다. 종교와 법은 맹세에서 문제가 되는 언어의 수행적 경험에 앞서 존재하는 게 아니라 차라리 '로고스'의 진실함과 신뢰성을 일련의 장치들을 통해 보증하기 위해 고안된 것이다. 그러한 장치들 가운데서도 맹세를 특수한 '성사'로 전문화하는 것 ― '권력의 성사' ― 이 중심적인 자리를 차지한다.

(*)

맹세에서 문제가 되는 언어 경험의 수행적 성격에 대한 몰

---

116) *factum*: (L) 사실, 행위, 실행, 된 일, 결과.

이해는 거짓맹세에 대한 철학적 분석에서 분명히 드러나며, 이에 대해 우리는 아리스토텔레스의 예에서 이미 뚜렷한 증거를 본 바 있다. 『일리아스』에 나오는 트로이인들의 맹세(3. 276행 이하)를 논하는 가운데 아리스토텔레스는 맹세를 어기는 것$^{blaspai\ ton\ horkon}$과 거짓맹세하는 것^{epiorkesai}을 구별할 필요가 있다면서 전자는 약속의 맹세에만 적용될 수 있는 반면 후자는 선언의 맹세에만 관련된다고 주장한다(Aristotle [1], frag. 143). 크리시포스 Chrysippus 역시도 '*alethorkein/pseudorkein*'(참을 증언하다/거짓을 증언하다)과 '*euorkein/epiorkein*'(맹세를 지키다/맹세를 어기다)을 구별하는데, 선언의 맹세에서 문제가 되는 전자는 어떤 이가 선서하는 확언이 객관적으로 참이냐 거짓이냐를 따지는 반면 후자는 약속의 맹세를 이행했느냐 이행하지 않았느냐를 따진다(Diogenes Laertius, 7. 65~66; 또한 Hirzel, 77~78; Plescia, 84~85도 참조하라). 여기서 우리는 말과 사물(사태) 사이의 객관적 조응에 입각한 논리적 진리 모형이 어째서 맹세에 함축된 언어 경험을 설명해줄 수 없는지를 보게 된다. 맹세가 수행적으로 말해지는 것을 현실화하는 한 '*epiorkos*'는 단순히 거짓맹세인 것이 아니라 '*horkos*'에 고유한 수행적 경험의 제거를 함축한다.

언어가 선언으로서 정확히 사용되는지를 감독하는 논리(학)는 맹세의 진실이 이미 쇠해버렸을 때 태어난다. 그리고 논리와 학문이 '로고스'의 선언적 양상을 관리하는 데서 비롯되는 것이라면 진실 말하기로부터는 법, 종교, 시, 문학이 (비록 온갖 종류의 이종교배와 중첩 — 이는 바로 맹세에서 최고조에 이른다 — 을 통해서일지언정) 비롯된다. 그 가운데 있는 것이 철학이다. 말하자면 철학은 진리와 오류 양쪽 모두에 거하는데, 그래서 거짓말의 가능성을 완전히 부정하지는 않으면서 수행적 발화 경험을 보호하려고 애쓰며, 모든 선언적 담화 속에서 일어나는 진실 말하기를 경험한다.

(25)

맹세의 수행적 효력은 고대의 재판에서 명확히 드러나는데, 고대의 재판은 고대 그리스와 로마에서는 두 개의 맹세 사이의 충돌이라는 형태를 띠었다. 민사 재판은 소송 당사자들 양측의 맹세로 시작되었는데, 자신의 주장의 진실성을 선언하는 원고의 맹세는 'proomosia'(어원적으로는 첫 번째로 말해진 맹세)라고 불렸고 피고의 맹세는 'antomosia'(즉 첫 번째 맹세와 반대되는 내용으로 말해진 맹세)라고 불렸으며, 이렇게 서로 맹세를 주고받는 것은 'amphiorkia'라고 불렸다. 형법에서도 유사하게 "고발자는 상대방이 범죄를 저질렀다고 맹세하고, 피고발자는 자신은 그러한 일을 저지르지 않았다고 맹세한다"(Lysias, 46; Glotz, 762도 참조). 고대 그리스인들은 증거에 대한 소명이 불가능한 경우로만 맹세를 한정해 결과적으로는 맹세에 대한 우선권을 두 당사자 중 어느 쪽(통상적으로는 피고발자)이 갖는지를 분명히 규정하려고 애썼는데 이를 잘 보여주는 것이 고르티나Gortyna의 법이다. 누가 '올바르게 맹세했나poteros euorkez'를 결정하는 것은 언제나 재판관이었다(Plescia, 49). 글로즈는 로데Erwin Rohde의 견해에 맞서 고대 그리스의 재판에서 문제가 된 선언적 맹세는 "거짓 맹세를 억제하는 것이거나 누군가의 말마따나 아테네인들은 의로운 사람들Rechtsvolk이 아니라는 것을 입증하는 것117)이기는커녕, 또 결국에는 잘못된 것일 수도 있는 인간의 정의를 신들의 정의로 대신하는 순전히 종교적인 제도이기는커녕"(Glotz, 761) 순전히 법률적인 절차였으며, 이러한 절차 속에서 재판의 선언적 맹세는 증거로 요구되는 것과는 전혀 별개의 것이었다고 주장한 바 있는데, 이는 바르게 본 것이다. 고대 로마의 재판에서 '*legis actio sacramenti*'118)라고 불렸던 절차 — 이에 대해서는 가이우스의 『법학제요』, 4권에 묘사되어 있다 — 도 유사한 것이었다. (가이우스가 예로 드는 노예 소유권에 대한 복권 요구 절차인 'vindicatio'119)의 경우) 두 당사자 각자는 자신의 권리를

117) 플라톤, 『법률』, 12. 948e를 참고하라.
118) 적법한 맹세를 제출하는 법적 절차. 로마 법제사에서 가장 오래된 형태로 알려진 민사소송 절차인 '*legis actiones*'의 하나로 '*legis actio sacramento*'라는 명칭은 분쟁 당사자들이 서로 '*sacramentum*', 곧 맹세를 통해 다툰 사실에서 비롯된 것이다. 분쟁 당사자들은 각자 자신의 권리주장의 정당성에 대한 맹세를 했고, 따라서 여기서는 어느 맹세가 정당한가가 관건이 되었을 것으로 추정된다. 역사 시대에는 '*sacramentum*'이 양 당사자가 공탁해야만 했던 금액을 뜻했다. 이에 대해서는 아래 26절도 참조하라.
119) *vindicatio*: (L) 이의신청, 권리청구, 복권 요구; 복수, 응징; 정당방위, 변호 이는 초기 로마 시대 법률 절차에서 양 당사자에 의해 형식을 갖춰 행해진 소유권 주장을 가리키는 용어였다.

'*Hunc ego hominem ex iure Quiritium meum esse aio, secundum suam causam sicut dixi ecce tibi vindictam imposui*'[120)]라는 정형구문으로 확언했는데, 그러면서 각 당사자는 소유권을 다투고 있는 노예의 머리에 막대기^{vindicta}를 놓았던 것이다(『법학제요』, 4. 16). 분쟁 당사자 중 한 명이 최초의 선언을 소리 내어 말하면 그것은 곧 다른 당사자를 도발해 그로 하여금 일정 금액의 '*sacramentum*'을 하게 만든다(quando tu iniura vindicavisti, D aeris sacramento te provoco[121)]). 페스투스는 바로 위에서 인용한 문구에서의 '*sacramentum*'이라는 말에 관해 논평하면서 그것은 참된 맹세의 문제인바 필연적으로 어떤 '*sacratio*'를 수반한다고 설명하고 있다: *sacramentum dicitur quod iusiurandi sacratione interposita factum est*("'sacramentum'이란 맹세의 봉헌과 함께 행해지는 행위를 이른다"). 재판관의 판결은 오로지 이 순간에만 관여했다. "이러한 '*sacramentum*'이야말로 핵심, 곧 재판의 요체이며 그래서 그것의 전 과정이 저러한 이름으로 불리는 것이다. 재판관의 역할은 사실상 제한적인데, 그는 다만 사건을 심리한 후 어떤 것이 '*sacramentum justum*'[122)]이고 어떤 것이 '*sacramentum injustum*'[123)]

---

120) "나는 로마 시민의 자격으로 이미 선언한 바와 같이 이 노예가 그의 신분에 준하여 나의 소유임을 주장합니다. 보십시오, 내가 그의 머리 위에 막대기를 놓습니다."
121) "당신이 그것을 뒷받침하는 권리 없이 그런 주장을 하는 한 나는 공탁금으로 500동화를 맡겨 당신 주장의 정당성을 문제 삼습니다."
122) '적법한(정당한) 성사(맹세).'
123) '적법하지(정당하지) 않은 성사(맹세).'

인지만을 선언할 따름이다"(Noailles [1], 276).

법사학자들 또한 여기서 문제가 되는 것이 순수한 수행적 효력임을 인식하고는 있다. 그럼에도 그들은, 다시 한 번 말하지만, 재판에서 맹세가 가지는 기능을 '성스러움'이라는 범례에 의지해 설명하려는 경향이 있다. "맹세의 효력은 가장 원시적인 형태의 의무에서 나온 듯하다. 그러한 의무들은 당사자들 사이의 신분 변화를 촉발하고 그들 사이에 그들을 초월하는 무언가를 만들어낸다. 그것을 만들어내기 위해서 그러한 의무들은 어떤 힘을 작동시키는데 (……) 이 힘이 이른바 종교적인 힘들이다"(Gernet [1], 61/172~173). 이렇듯 종교성의 형태로 전제되는 것은 다름 아니라 진실 말하기에서 일어나는 언어 경험이다. 이러한 의미에서 (현대 문화에서 그토록 중요시되는) 믿음과 종교 사이의 대립은 실제로는 모든 점에서 '로고스'의 두 가지 공기원적 특성 사이의 대립과 같다. 다시 말해 '로고스'는 진실 말하기(그러한 것으로서 법과 실정적 종교의 기원)이자 선언(그러한 것으로서 논리와 학문의 기원)인 것이다.

(26)

이제 우리가 지금까지 해온 연구의 관점에서 여기서 정말 관건이 되는 이 '힘'들에 대한 이해를 시도해보자. 역사가들 사이에 그 의미에 대한 논쟁이 끊이질 않는 말 중 하나가 '*vindicta*'(그리고 관련어인 'vindex'[124], 'vindicare'[125])인데, 이는 재판에서는 재판 당사자들이 분쟁 대상인 재산에 갖다 대는 막대기를 가리키는 듯하다. 이 말의 원의미를 명확히 밝힌 것이 바로 노아유의 공적이다. 전통적인 어원학을 따르자면 이는 '*vim dicere*'[126]라는 말에서 나온 것인데, 축어적으로는 '힘을 말하다 또는 보여주다'라는 의미이다. 그런데 힘이라니? 도대체 어떤 힘일까? 학자들 사이에 만연해 있는 최대의 혼동은 바로 이 지점에 있다고 노아유는 주장한다.

> 이 말에는 가능한 의미가 두 가지가 있는데 힘 또는 폭력, 다시 말해 물리적으로 가해지는 힘이라는 두 가지 의미가 있다. 학자들은 이 두 가지 의미 사이에서 부단히 갈팡질팡한다. 사실 그들은 (두 가지 의미 중 어느 하나를) 선택하지 않는다. 경우에 따라 이 의미가 제시되기도 하고 저 의미가 제시되기도 한다. '*sacramentum*'의 '*vindicationes*'[127]는 어떤 때는 힘의 발현으로, 또 어떤 때는 상징적 폭력 행위 또는 폭력을 가장한 행위로 제시된다. '*vindex*'에 관해서는 혼동이 더 심하다. 그러니까 '*vindex*'라는 이름이 가리키는 힘 또는 폭력이 '*vindex*'에 고유한 것인지(즉 그가 그러한 힘을 법에 봉사하도록 하는 것인지) 혹은

---

124) *vindex*: (L) 옹호자, 대변자, 보호자, 수호자, 응징하는 자, 처벌자.
125) *vindicare* (*vindico*): (L) 법적 권리를 요구·주장하다; 소유권을 주장하다; 구하다, 지키다, (자유를) 보장하다, 벌하다, 복수하다, 옹호하다, 보호하다.
126) *vim dicere*: (L) *vim*('*vis*')+*dicere*('*dico*')
127) *vindicationes*: (L) '*vindicatio*'의 복수형.

그의 반대자의 폭력인지(즉 그가 그러한 힘을 정의에 반하는 것으로 고발하는 것인지)가 명확하지 않은 것이다(Noailles [2], 57).

이러한 혼동에 맞서 노아유는 문제의 저 '*vis*'는 물질적 힘 또는 폭력일 수 없으며 다만 의례의 힘일 뿐임을, "강제하는 힘이지만 폭력 행위 속에서, 심지어는 폭력을 가장한 행위 속에서도 굳이 물리력으로 적용되려고 애쓰거나 그렇게 적용될 필요가 없는 힘"(같은 책, 59)임을 보여주고 있다. 이와 관련해 노아유는 겔리우스$^{\text{Aulus Gellius}}$의 한 구절을 인용하는데, 이 구절에서 '말로 타이르는 정중한 힘$^{\text{vis civilis ...... quae verbo diceretur}}$'은 '호전적이고 잔인한 힘으로 손찌검하는 힘$^{\text{vis quae manu fieret, cum vi bellica et cruenta}}$'과 대립한다. 노아유의 입론을 더 밀고 나가면 맹세뿐만 아니라 '*vindex*'의 행위에도 해당되는 '말로 타이르는 힘'이란 효과적인 말의 힘, 곧 법의 시원적 힘이라는 가설을 세울 수 있다. 법의 영역이란 효과적인 말의 영역, 항상 '*indicere*(공포하다, 엄숙히 선언하다)', '*ius dicrere*(순리 또는 합법을 말하다)', '*vim dicere*(효과적으로 말하다)'인 '말하기'의 영역이다. 노아유에 따르면 문제가 되는 말의 힘은 12표법의 정형구문 '*uti lingua nuncupassit, ita ius esto*', 곧 '말로 행해졌으면 그것이 곧 법이 될지어다'에 표현되어 있는 것과 같은 힘이다. '*nuncupare*'[128)는 어원학적으로 '*nomen capere*', 즉 '이름을 삼다'라고 설명된다.

---

128) *nuncupare* (*nuncupo*): (L) (무슨 이름으로) 부르다, 이름을 붙이다, 일컫다; (증인 앞에서 누구를) 상속자로 지명하다; (형식을 갖춘 말로) 서원을 (신에게) 밝히다.

신성법에서건 민법에서건 모든 '*nuncupationes*'[129]는 한계를 정하고 일정한 테두리 안에 가둔다는 일반적 특징이 있다. (……) 규정집의 본질적 목표는 대상의 한계를 정하는 것, 대상을 파악하는 데 있다. 따라서 우리는 몸짓과 말 사이에는 심원한 관계가 존재하며, 그것들을 함께 묶어주는 엄격한 상관관계가 있음을 감지할 수 있다. '*rem manu capere*'[130]와 '*nomen verbis capere*'[131], 이 둘은 이렇듯 완전한 포획 행위의 두 개의 주춧돌이다. 로마인들이 '*nomen*'[132]이 지칭하는 '*res*'[133]에 대한 제어력을 획득하기 위한 수단으로서 '*nomen*'에 어떤 비의적인 의미를 덧붙였는지는 주지의 사실이다. 불가사의한 어떤 자연력에, 어떤 신적인 힘에 효과적으로 작용하기 위한 으뜸 조건은 그것의 이름을 발음할 수 있어야 하는 것이다(Noailles [1], 306).

이미 우리에게 너무나도 친숙해진 저 '신적인 힘'에 대한 호소를 한쪽에 제쳐놓는 것만으로도 재판에서 맹세의 본성과 기능은 분명히 드러난다. '적법한 맹세'란 재판에서 저 태곳적 '*vindex*'를 대체한 '*iudex*'[134]가 맹세의 '힘을 선언하면서 인정

---

129) *nuncupationes* (*nuncupatio*): (L) 이름 부름, 명칭, 지칭.
130) '손으로 물체를 잡다.'
131) '말로 이름을 삼다.'
132) *nomen*: (L) 이름, 명칭, 칭호; 가문, 가계; 명성.
133) *res*: (L) 것, 일, 사물, 물건; 사실, 사정, 사태, 상황, (법률적인 의미의) 사건, 사안; 재산, 소유물; 이익, 유익.
134) *iudex* (*judex*): (L) 심판인; 결정자, 판정자. 로마의 민사소송 절차는 두 단계로 나뉘었는데, 첫 번째로는 법무관이 심리하는 법정 절차*in iure*와 두 번째로는 심판

하는$^{vim\ dicit}$' 맹세이며, 따라서 가장 정확하고 효과적인 방식으로 맹세에 함축된 '수행성'을 완수한 맹세이다. 바로 이러한 이유에서 상대방의 행위는 반드시 '*epiorkos*', 곧 거짓맹세인 것은 아니다. 그것은 다만 수행적 '*vis*'가 승자의 그것보다 덜 완전한 행위인 것이다. 여기서 문제가 되는 이 '힘'은 말로 행해지는$^{quae\ verbo\ diceretur}$ 힘, 곧 말의 힘이다. 따라서 우리는 '*sacramentum*'에는 모든 맹세에서처럼 수행적 언어 경험이 내포되어 있다고 추정해야만 한다. 여기에서도 그러한 정형구문을 소리 내어 말하는 것, 즉 '*nuncupatio*'의 '*nomen capere*'가 말해진 것을 현실화하는 힘을 가졌던 것이다. 이 힘을 설명하기 위해 굳이 종교나 신화, 주술 따위를 끌어들일 필요는 없다. 그것은 법적 구두 행위의 정형구문이 소리 내어 말해질 때면 어김없이 확인되는 사실이기 때문이다. 배우자들이 혼인 시 공무원 앞에서 '예'라고 소리 내어 말하면서 성공적으로 결합됐다는 기분을 느끼는 것은 어떤 신성한 힘 때문에 그런 것이 아니다. 또한 구두에 의한 매각 합의로 어떤 동산의 소유권이 즉각 양도되는 것은 주술에 의한 것도 아니다. '*uti lingua nuncupassit, ita ius esto*', 곧 '말로 행해졌으면 그것이 곧 법이 될지어다'는 주술적이거나 어떤 신성한 힘을 지닌 정형구문이 아니다. 차라

인 절차$^{apud\ iudicem}$였다. 두 번째 단계에서는 상류층에 속한 민간인(자격 요건은 시대마다 달랐다)을 임명해 심리를 맡도록 했는데, 이러한 역할을 수행했던 사람을 '*iudex*'라고 했다. 그에게는 특별한 법률적 지식이 요구되지 않았다. 반드시 그렇지는 않았지만 통상 일인의 결정이 아닌 집단 책임제로 결정이 이루어졌고 그러한 결정은 법무관의 승인을 받았다.

리 그것은 법이 맹세 때 행해지는 발화 행위의 원原경험으로부터 끌어내어 자신의 가장 깊은 곳에 간직해왔던 '*nomen capere*'의 수행적 표현인 것이다.

(*)

막들랭^{André Magdelain}은 신성법에서건 민법에서건 법에 고유한 어법은 명령형임을 보여준 바 있다. '*leges regiae*'[135])에서건 12표법에서건 명령형의 정형구문(sacer esto[136]), paricidas esto[137]), aeterna auctoritas esto[138]) 등)이 표준이다. 이 점은 법률 행위로서의 거래의 경우에도 똑같이 말할 수 있는데, 이를테면 재산 양도 의례인 '*mancipatio*'[139])에서의 '*emptor esto*'[140]), 유언장에서의 '*heres esto*'[141]), '*tutor esto*'[142]) 등의 예를 들 수 있다. 이 점은 또한 '*piaculum data, exta porriciunto*'[143])의 예에서처럼 가톨릭 주교

---

135) '왕법王法.'
136) '성스럽게 될지어다.'
137) '존속 살해자가 될지어다.'
138) '소유권이 영원할지어다.'
139) *mancipatio*: (L) 양도, 이전. 구리와 저울을 이용한 엄숙한 의식에 따라 치러지는 거래 행위로서 이미 12표법에도 이에 관한 언급이 나온다. 역사 시기가 되면 이는 일종의 상징적 거래 행위가 되는데, 그러면서도 저울을 이용해 구리로 값을 매기는 식으로 매매 형태를 유지했다. 이 의례는 토지, 가축, 노예 등 '*res mancipi*'라고 불렸던 것의 소유권*dominium* 이전 시에 행해졌다.
140) '매수인이 될지어다.'
141) '후계자가 될지어다.'
142) '후견인이 될지어다.'

전례서들의 정형구문의 경우에서도 확인된다(Magdelain, 33~35; Johnson, 334~335). 똑같은 어법이 앞에서(위의 14절) 이미 살펴본 바 있는 맹세의 정형구문들에서도 나타난다.

앞서 인용한 12표법의 명령형 정형구문 '*uti lingua nuncupassit, ita ius esto*'를 살펴보자. 우리에게 이 텍스트를 전해준 페스투스는 '*nuncupata*'[144]라는 말을 '*nominata, certa, nominibus propriis pronuntiata*'[145](Riccobono, 43; Festus, 176. 3~4)로 설명한다. 이 정형구문은 말하자면 정확히 소리 내어 말해진 명명과 법적 효과 사이의 조응을 표현하고 있다. 카피톨리노 성채[arx capitolina] 위에 있는 사원의 낙성식[inauguratio]의 정형구문인 '*templa tescaque me ita sunto, quoad ego ea rite lingua nuncupavero*'[146](Varro, 7. 8)에서도 동일한 사실을 알 수 있다. 여기에서도 역시 명령형은 정확한 이름 짓기의 결과로 뒤따르는 말과 사물(사태) 사이의 일치를 표현한다. '*nuncupatio*', 즉 이름을 삼는 것은 이런 의미에서 시원적인 법률 행위이며, 메예가 원시적 동사 형태라고 정의하는 명령형은 수행적인 법적 효과를 갖는 명명 어법이다. 이름 짓기, 이름을 삼는 것은 명령(권)의 시원적 형태인 것이다.

---

143) '내장은 제물로 둘지어다.'
144) *nuncupata* (*nuncupatus*): (L) '*nuncupo*'의 과거분사.
145) '적합한 말로 명명되고 규정되고 소리 내어 말해진.'
146) "사원과 성소들은 내가 형식을 갖춰 내 입으로 직접 이름 붙인 곳까지 나의 소유가 될지어다."

(*)

 우리는 로마의 재판에서 'sacramentum'이라는 말이 맹세를 직접적으로 가리키는 것이 아니라 이를테면 맹세에 의해 걸려있는 금액(1,500동화 내지 500동화)을 가리키는 것이라는 점을 고전들을 통해 알고 있다. 자신의 권리를 입증하지 못한 자는 그러한 금액을 잃었고 그것은 국고로 귀속되었다. "송사에 있어 재판에 회부된 돈은 'sacramentum', 곧 '신성한 공탁금'이라 하는데, 이는 '신성한, 봉헌된'이라는 의미의 'sacrum'에서 나온 말이다. 원고와 피고는 모두 법무관praetor(또는 일부 편자에 따르면 대신관pontifex)에게 공탁금을 맡겼는데, 사안에 따라 금액이 달라 어느 경우에는 500동화였고, 또 어느 경우에는 법이 정하는 일정한 액수의 공탁금을 걸고 재판이 이루어졌다. 승소한 자는 자신이 봉헌한 'sacramentum'을 돌려받지만 패소한 자의 공탁금은 국고로 귀속되었다"(Varro, 5. 180). 동일한 어원 설명을 페스투스에게서도 찾을 수 있다. *Sacramentum aes significat quod poenae nomine pendetur*("'sacramentum'이란 벌금을 가리킨다")(Festus, 468. 16~17).

 따라서 재판 때 행해지는 'sacratio'의 대상은 돈이다. 'sacer', 곧 신들에게 바쳐진 것은 이 경우에는 (12표법의 제재 규정들의 예에서처럼) 생명체가 아니라 일정한 액수의 돈이었다. 키케로에 따르면 절차상 'sacratio'의 대상은 원래 돈이 아니라 가축이었다고 한다(Noailles [1], 280). 일부 법사학자들이 주장하듯이 이런 식으로 'sacer'하게 되는 자, 다시 말해 살해될 수는 있지만 희생 제물로 바쳐질 수 없게 되는 자는 공개적으로 맹세를 행한 당사자였다는 가설은 이 때문에 나온 것이다. 아무튼 본질적인 것은 여기서의 성스러움은 의문의 여지없이 돈에 본래 내재하는 것이었고, 그러한 돈은 (은유적인 의미가 아니라) 축어적인 의미에서 '성스러운(곧 '봉헌된')' 것이었다는 점이다. 서구 문화에서 돈을 에워싸고 있는 성聖의 아우라는 아마도 생명체를 바치는 대신 이렇듯 일정 금액의 돈을 바쳤던 데 기원을 두고 있는 듯하다. 그러므로 'sacramentum'으로서의 돈이란 사실상 생명과 대등한 것이다.

(27)

이제 지금까지 전개된 분석을 토대로 맹세의 새로운 위치를 다음의 몇 가지로 정리해보자.

(1) 지금까지 학자들은 맹세라는 제도를 끊임없이, 노골적이라고 해도 좋을 정도로 주술-종교적 영역에 근거해, 다시 말해 거짓맹세를 처벌함으로써 맹세의 효력을 보증하기 위해 개입하는 신적인 힘 또는 '종교적인 힘들'과 관련시켜 설명해왔다. 그리하여 맹세는 헤시오도스의 경우에서 볼 수 있듯이 거짓맹세에 대한 예방책으로 해석되는 이상한 순환성을 띠었던 것이

다. 나의 가설은 정반대이다. 즉 주술-종교적 영역은 맹세에 논리적으로 선재하는 것이 아니며, 차라리 종교(그리고 종교와 밀접히 연관되어 있는 법)를 설명해줄 수 있는 것은 (시원적으로 수행적인 말의 경험으로서의) 맹세라는 것이 나의 가설이다. 바로 이러한 이유에서 고전 세계에서 '*horkos*'는 가장 오래된 것, 신들조차도 굴복해 처벌받을 수밖에 없게 만드는 유일한 힘인 것이며, 또 이러한 이유에서 하느님은 맹세와 동일시되는 것이다 (하느님은 말씀이 곧 맹세인 존재자, 다시 말해 참되고 힘 있는 태초의 in principio 말씀과 일체인 존재자이다).

(2) 따라서 맹세의 고유한 맥락은 '*fides*'와 같은 제도들, 다시 말해 말의 진실함과 신뢰성을 수행적으로 확언하는 기능을 하는 제도들 가운데 있다. 맹세^{horkia}는 최고로 믿을 수 있는^{pista} 것이며, 맹세 때 수행적으로 소환되는 이교 신앙의 신들은 본질적으로 이러한 신뢰성에 대한 증인으로서 소환되는 것이다. 유일신 종교, 특히 그리스도교는 말에 대한 믿음의 중심성을 종교적 경험의 본질적 내용으로 갖는데, 이러한 중심성은 맹세로부터 물려받은 것이다. 그리스도교는 '로고스', 곧 이 말의 고유한 의미에서 로고스의 종교이자 로고스의 신격화이다. 수행적인 진실 말하기의 경험으로서의 믿음과 일련의 선언적 유형의 도그마들에 대한 신앙을 조화시키려는 시도는 교회의 임무이자 동시에 교회의 중심 모순인바, 교회로 하여금 복음서의 분명한 가르침을 등지고 맹세와 저주를 특수한 법적 제도들로 전문화하지 않을 수 없게 만든다. 이러한 이유에서 철학이, 다

시 말해 진실 말하기를 성문화된 진리 체계로 고정시키려고 하지는 않지만 어떠한 언어 사건이건 그것을 근거 짓는 진실 말하기를 말로 표출하고 드러내는 철학이 필연적으로 '참된 종교$^{\text{vera religio}}$'로 제시될 수밖에 없다.

(3) 맹세와 '*sacratio*'(또는 '*devotio*') 사이의 본질적 인접성 또한 같은 맥락에서 이해되어야만 한다. 살해될 수는 있지만 희생 제물로 바쳐질 수는 없는 벌거벗은 삶의 생산을 통한 권력의 시원적 수행으로서의 '*sacertas*'[147)]에 대한 해석은 맹세란 권력의 성사이기 이전에 이미 철저히 말로 이루어지는 살아있는 인간의 봉헌이라는 점에서 보완될 필요가 있다. 맹세는 그것이 무엇보다도 **언어의 성사**인 한에서 권력의 성사로 기능할 수 있다. 이렇듯 맹세에서 행해지는 본래의 '*sacratio*'는 엄밀히 따지자면 저주, 곧 법의 공포^{公布}를 동반하는 정치적 저주$^{\text{politikē ara}}$라는 형태를 띤다. 이러한 의미에서 법은 본질적으로 저주와 한 몸이며, 저주와의 이러한 본래적 연관을 끊은 정치만이 장차 말을 달리 사용하고 또 법을 달리 사용하는 것을 가능하게 해줄 것이다.

---

147) *sacertas*: (L) '*sacer*'한 상태, '*sacer*'함, '*sacer*'임. (형용사 '*sacer*'에 '~한 상태 또는 조건'을 나타내는 접미사 '*-tas*'가 붙어 이루어진 명사이다)

(28)

 드디어 맹세를 인류발생과의 관계 속에 고고학적으로 위치시켜볼 때가 되었다. 맹세가 인간이 말하는 존재자로 구성되었던 언어 경험에 대한 역사적 증언임은 지금까지의 조사를 통해 대체로 살펴본 바와 같다. 앞에서 인용한 바 있는 모스에 대한 연구에서 레비스트로스가 인간에게 우주의 의미가 갑자기 드러나는 순간에 산출되는 기표와 기의 사이의 근본적인 부조응에 대해 말한 것은 바로 저러한 사건과 관련해서였다.

우주 전체가 일순간 의미를 띠게 되었던 순간 그렇다고 해서 그렇다는 것이 알려져 있었던 것은 아니다. 언어의 출현이 앎의 진전 속도를 앞당겼다는 것이 틀림없는 사실일지라도 말이다. 그래서 인간 정신의 역사에는 불연속이 특징인 상징과 연속성이 특징인 앎 사이의 근본적인 대립이 있는 것이다. 그로부터 나오는 결론에 대해 생각해보자. 기표와 기의라는 두 범주가 상호 보완적인 단위들로서 동시에 또 상호 의존적으로 구성되게 되었던 반면 앎, 다시 말해 우리가 기표의 특정 양상과 기의의 특정 양상을 파악할 수 있게 해주는 지적 과정은 (……) 아주 더디게 시작되었을 뿐이라는 결론이 나온다. (……) 우주는 우리가 그것이 의미하는 바를 알기 시작하기 훨씬 전에 이미 의미를 띠었던 것이다(Levi-Strauss, xlvii/60~61).

이렇게 이미 놓쳐버린 조응의 결과 인간에게는 "기표 전체가 처음부터 그의 처분권에 맡겨져 있었다. 그러한 것으로 주어졌지만 인간은 그러한 사실을 모르는 채로 주어졌기에 인간은 그것을 어떤 기의에 어떻게 할당해야 할 줄 몰라 쩔쩔맨다. 이 둘 사이에는 언제나 부등가 또는 '부조응', 신의 지성만이 흡수할 수 있을 비대칭과 과잉이 있으며, 이 때문에 대응될 수 있는 기의에 비해 상대적인 기표 과잉이 발생한다. 그래서 세계를 지성으로 파악하고자 하면서 인간은 언제나 의미작용 signification의 잉여를 처리하는 것이다(그는 이 잉여를 상징적 사고 법칙에 따라 사물들에 배분하는데, 이 상징적 사고 법칙이 바로 민족학자와 언어학자의 연구 과제가 된다)"(같은 책, lxix/62~63).

레비스트로스에 따르면 '마나'와 같은 주술-종교적 개념들은 다름 아닌 이러한 부조응으로 설명할 수 있으며, 저러한 개념들이 '모든 유한자적 사고의 결함'을 야기하는 '떠다니는 기표' 또는 과잉 기표, 간단히 말해 비어있는 기표의 대표적인 예인데(같은 책, lxix/63), 어째서 그런지에 대해서는 이미 살펴본 바 있다. 뮐러에게는 신화가 그랬듯이 (비록 의미는 달랐을지언정) 레비스트로스에게도 주술-종교적 개념들은 어떤 의미에서는 언어의 병폐, 언어가 사고에 드리우는 '어두운 그림자', 의미작용과 의식의 용접, 언어와 사고의 용접을 영구히 가로막는 '어두운 그림자'를 표상하는 것이었다.

인류가 인간이 되는 데 있어서는 필연적으로, 또 그 무엇보다도 윤리적인(그리고 필경 정치적인 것이기도 할) 함의들이 문제가 된다. 하지만 그러한 것들은 전혀 문제가 되지 않았던 것처럼 레비스트로스가 인류발생이라는 사건을 오로지 인식론적 측면에서만 보게 된 데는 인지적 패러다임의 영향력이 지나치게 우세했기 때문이다. 여기서 내가 제시하고 싶은 것은, 인간과학의 연구 과제가 아닌 어떤 변동의 결과로 인간에게 언어가 등장했을 때 그것이 야기했던 문제는 레비스트로스의 가설대로 오로지 인간의 앎의 한계를 구성하는 기표와 기의의 부조응이라는 인지적 측면일 수만은 없었다는 점이다. 어쩌다 말을 하게 된 살아있는 인간에게 저만큼 — 어쩌면 그보다 더 — 결정적이었을 게 분명한 문제는 자신의 말의 효력과 진실성이라는 문제, 다시 말해 이름과 사물(사태) 사이의 본래적 연관, 화자가 된(따라서 선언하고 약속할 수 있게 된) 주체와 자신의 행위 사이의 본래적 연관을 무엇이 보증할 수 있는가라는 문제이다. 과학자들은 직업상 고질적인 편견 때문인지는 몰라도 인류발생을 항상 인지적 질서의 문제로만 여겨왔다. 인류가 인간으로 되는 것은 오로지 지능과 뇌의 크기 문제였지 '에토스^{ethos}' 문제는 아니었다는 것처럼, 지능과 언어는 무엇보다도 윤리적·정치적 질서 문제를 제기했고 '이성의 인간$^{Homo\ sapiens}$'은 또한 바로 저러한 이유에서 '정의의 인간$^{Homo\ iustus}$'이기도 했지만 마치 이 모두를 그렇지 않다고 부정하는 것처럼 말이다.

언어학자들은 흔히 인간의 언어와 동물의 언어 사이의 차이를 정의하기 위해 애써왔다. 그래서 벤베니스트는 (내용이 단번에 완전히 정의되는 고정된 신호 체계인) 꿀벌의 언어를 (형태소와 음

소들로 분해될 수 있어 그 조합들이 사실상 무한한 의사전달의 잠재력을 가지는) 인간의 언어와 대립시켰던 것이다(Benveniste [3], 62/54). 그러나 다시 한 번 말하지만 동물의 언어에 대한 인간 언어의 특별함은 수단의 특이성에 있다고만은 할 수 없다. 이후의 분석들은 이런저런 동물의 언어에서도 그러한 특이성을 찾아냈고 그러한 발견은 사실 앞으로도 끊임없이 이어질 것이다. 그 특별함이란 차라리 인류가 자신에게 주어진 여러 가지 능력들 가운데 하나로서 아무런 제약 없이 언어를 습득할 수 있다는 데 있는 것이 아니라 그러한 능력을 자신의 특별한 잠재력으로 활용해왔다는 사실에, 더도 아니고 덜도 아닌 바로 이러한 사실에 있다. **다시 말해 인류는 언어에 자신의 본성을 걸었던 것이다.** 인간은 푸코의 말대로 '정치에 생명체로서의 자기 실존을 건 동물'(Foucault, 143)인 것만큼이나 언어에 **자신의 목숨을 건 생명체**인 것이다. 이 두 개의 정의는 사실상 떼려야 뗄 수 없으며 본질적으로 서로 기대어 있다.

맹세를 어쩌다 말을 하게 된 생명체가 자신의 말에 책임지기로 결심하고 자신을 '로고스'에 바쳐 스스로 '언어를 가진 생명체'가 되게 하는 인류발생의 연산자로 이해한다면, 맹세란 바로 저 둘의 교차점에 놓인 것이다. 맹세와 같은 것이 생겨날 수 있으려면 사실상 무엇보다도 생명과 언어, 행위와 말을 구별하면서도 또 어떤 식으로든 서로 맞물리게 할 수 있어야만 한다. ─ 그리고 이것이야말로 동물에게는 불가능한 일이다. 동물에게는 언어가 본질적으로는 여전히 생명 유지 활동의 일부이기 때문이다. 최초의 약속, 최초의 — 말하자면 초월론적인 — '*sacratio*'는 이러한 분할에 의해 산출되며 이러한 분할 속에서 인간은 자기의 언어를 자신의 행위에 대립시키면서 언어에 자신을 걸 수 있고 '로고스'에 자신을 약속할 수 있는 것이다.

인간의 언어와 같은 것은 사실상 참말과 거짓말의 가능성에 공기원적으로 노출되어 있는 생명체가 자진해서 자신의 말에 대해 자신의 생명으로 응답하는 순간에만, 일인칭으로 그것들에 대한 증인이 되는 순간에만 산출될 수 있다. 또한 '마나'가 (레비스트로스에 따르면) '모든 유한자적 사고의 결함'을 야기하는 기표와 기의 사이의 근본적인 부조응을 표현하듯이, 맹세 또한 말하는 동물에게 어떤 의미로건 결정적인 요구, 즉 말하는 동물이 언어에 자신의 본성을 걸고 말과 사물(사태)과 행위를 윤리적이고 정치적인 차원에서 하나로 묶어야만 하는 절박한 요구를 표현한다. 오로지 이러한 수단을 통해서만 (자연과 뚜렷이 구별되지만 그럼에도 불구하고 자연과 불가분 얽혀있는) 역사와 같은 것이 산출될 수 있었던 것이다.

(29)

불행이건 다행이건 인류가 어떤 식으로든 아직까지 살아있는 것은 이러한 결심의 결과, 다시 말해 이러한 맹세를 충실히 지켰기 때문이다. 사실상 모든 이름 짓기는 이중적이다. 그것은 축복이거나 저주인 것이다. 말이 충만하다면, 기표와 기의 사이에, 말과 사물(사태) 사이에 조응이 있다면 그것은 곧 축복일 터이다. 하지만 말이 공허하며 기호론적인 것과 의미론적인 것 사이에 공백과 간극이 남아있다면 그것은 곧 저주이다. 맹세와 거짓맹세, 축복(덕담)과 저주(악담)는 '로고스', 곧 생명체를 말하는 존재자가 되게 했던 경험 속에 기입되어 있는 이러한 이중의 가능성에 해당한다. 종교와 법은 이러한 인류발생적인 말의 경험을 일일이 참말과 거짓말, 진짜 이름과 가짜 이름, 유효한 정형구문과 부정확한 정형구문으로 구별하고 대립시키면서 역사적 제도로서의 맹세와 저주로 전문화한다. '잘못 말한' 것은 이렇게 해서 전문적인 의미에서의 저주가 되었고, 말을 충실히 지키는 것은 적합한 정형구문과 의전儀典에 대한 강박적이고 빈틈없는 관심과 염려, 다시 말해 '*religio*'와 '*ius*'[148]가 되었다. 말의 수행적 경험은 '언어의 성사'가 되면서 격리되고 '언어의 성사'는 또 '권력의 성사'가 되면서 격리된다. 인간 사회를 지탱하고 있는 '법의 힘', 곧 생명체를 안정되게 의무에 묶이게 하는, 지킬 수도 있고 어길 수도 있는 언어적 언

---

148) *ius* (*jus*): (L) 법, 법률, 법전; 권리, 권權, 권한; 법정.

표화라는 관념은 이렇듯 인류발생적 경험의 시원적인 수행적 힘을 고정시키려는 시도로부터 유래하며, 이러한 의미에서 맹세와 (이에 동반되는) 저주의 부대 현상이다.

프로디는 '권력의 성사'에 대한 자신의 역사서 서두에서 오늘날 우리는 맹세라는 결합과는 무관한 집단생활을 하는 최초의 세대이며, 이러한 변화는 정치적 결사의 형식들에도 변화를 수반하지 않을 수 없다는 주장을 제기했다. 이러한 진단이 조금이라도 진실을 건드리고 있다면 이는 곧 인간성이 어떤 탈구 앞에 처해있다는, 적어도 살아있는 존재자를 언어와 묶어주었던 결합이 느슨해지고 있다는 뜻이다. 한편에는 갈수록 더 순전히 생물학적인 실재로, 벌거벗은 삶으로 축소되는 '살아있는 존재자'가 있다. 다른 한편에는 미디어 테크놀로지에 기반을 둔 각종 장치들을 통해 더욱 더 공허해져버리는 말의 경험 속에서 인위적으로 전자에서 분리되는 '말하는 존재자'가 있다. 그러한 말에 대해서는 책임지는 것도 불가능하고 또 그러한 말 속에서는 정치적 경험 따위는 갈수록 더 미덥지 못한 것이 되어버린다. 말과 사물(사태)과 인간의 행위를 하나로 묶어주는 (인지적일 뿐만은 아닌) 윤리적인 연관이 깨지면 사실상 한편으로는 공허한 말이, 다른 한편으로는 입법 장치들이 대대적이고 유례없이 만연해 더 이상 통제 불능으로 보이는 그러한 삶 전반을 법으로 집요하게 틀어쥐려고 한다. 맹세의 쇠퇴기는 또한 독신의 시대이기도 하다. 그러한 시기엔 하느님의 이름이 말과의 살아있는 연관에서 벗어나 '함부로' 입에 오를 수밖에 없다.

비할 데 없는 힘, 효력, 아름다움을 지닌 도구로서 언어가 향유해왔고 지금도 계속해서 향유하고 있는 그 위세를 이제는 의심해보아야 할 때가 된 듯하다. 비록 그러한 위세가 대단하다 할지라도 그 자체로 보면 언어는 새소리보다 더 아름다울 것도 없고 곤충들이 교환하는 신호보다 더 효과적인 것도 아니며 사자가 자기 영역을 주장하면서 내는 으르렁거림보다 더 힘 있는 것도 아니다. 인간의 언어에 특이한 미덕을 부여하는 결정적인 요소는 그러한 도구 자체에 있는 것이 아니라 인간의 언어가 화자에게 비워주는 자리에 있다. 즉 인간의 언어는 자신의 속을 비워내어 화자가 말하기 위해서는 언제나 떠맡아야만 하는 어떤 형식을 자신 안에 마련한다는 사실에, 다시 말해 화자와 그의 언어 사이에 설정된 윤리적 관계에 있는 것이다. 인간은 말하기 위해서는 반드시 '나'라고 말해야만 하고, '말을 붙잡고' 떠안아 자신의 것으로 만들어야만 하는 생명체이다.

언어에 대한 서양의 사유가 언어의 형식적 장치들 속에서 언표화 기능, 다시 말해 화자로 하여금 구체적인 담화 행위 속에서 언어를 떠맡게 하는 수단인 ('나', '너', '여기', '지금' 등의) 지시사 또는 전환사[轉換詞; shifter]들의 총체를 따로 식별해내기까지는 무려 2천년이란 세월이 걸렸다. 하지만 이러한 제스처로 산출되는 것은, 그리하여 주체가 자신의 말 속에 연루되는 특별한 방식을 규정하는 것은 에토스인바, 확실히 언어학은 이 에토스를 설명할 수 있는 위치에 있지 않다. '언어의 성사'가 생겨나는 곳은 바로 이러한 윤리적 관계 속이며, 우리가 지금까지 규명하려고 해온 것은 바로 이 윤리적 관계의 인류발생적 의의였다. 다른 생명체와 달리 인간은 말하기 위해서 자신의 말에 스스로를 걸어야만 한다는 바로 그 점 때문에, 인간은 바로 이런 까닭에 축복하고 저주할 수 있으며 맹세와 거짓맹세를 할 수 있다.

서양 문화의 초창기에 유럽의 동쪽 변경의 작은 지역에서 (맞을 수도 있지만 틀릴 수도 있는 위험을 무릅쓰면서) 언어에 대한 긍정을, 말하는 동물이자 정치적 동물로서의 인간에 대한 긍정을 (맹세하지도 저주하지도 않으면서) 강력히 선언했던 말의 경험이 발생했다. 철학은 정형구문의 '*religio*'를 거부하고 이름들의 최고성을 단호히 의심하는 순간에 시작된다. 그 순간이 바로 헤라클레이토스가 '로고스'를 '에페아^{epea}'에 대립시켰던 순간이며,149) 혹은 그 순간이 플라톤이 『크라틸로스』에서 이름과

---

149) 그리스어 '*logos*'와 '*epea*'는 둘 다 '말'을 뜻하는 단어이다. 이 둘의 대립에 관해서 아감벤은 헤라클레이토스의 「단편」, 1을 가리키는 듯한데, 내용은 다음과 같다. "비록 이 로고스가 〔본래〕 존재하는 것이지만 사람들은 항상 그것을 듣기 전이나 일단 들은 뒤에도 결코 파악하지 못한다. 모든 사물은 이 로고스에 따라 생겨나지만, 사람들은 내가 각각의 사물을 그것의 본성에 따라 구분하고 그것이 어째서 그런가를 말해주면서 내가 내놓는 말*epea*들과 일들을 써보거나 해보면서도 전혀 그리 하여본 적이 없는 자들 같다. 하지만 다른 사람들은 그들이 깨어있는 동안에 무엇을 하고 있는지 잊어버리고 있다. 마치 잠자고 있을 때 무엇을 하는지를 잊고 있는 것처럼 말이다"(이 단편에 대한 번역은 Heraclitus, *Heraclitus: The Cosmic Fragments* 〔G. S. Kirk, trans. Cambridge: Cambridge University Press, 1954〕와 Charles H. Kahn, *The Art and Thought of Heraclitus: An edition of the fragments with translation and commentary* 〔Cambridge: Cambridge University Press, 1979〕를 참조했다). 하이데거는 이 단편에 대한 논평에서 "(「단편」, 1의) 다음 문

그 이름으로 불리는 사물 사이의 정확한 대응이라는 관념을 배격하면서 동시에 이름을 붙이는 기술$^{onomastics;\ onomastikē\ technē}$과 입법을 하나로 보았던, 다시 말해 '로고스'와 정치를 하나의 경험으로 보았던 순간이다. 이러한 의미에서 철학은 본질적으로 맹세에 대한 비판이다. 즉 철학은 인간을 언어에 연결시켜주는 성사적 결합을 의문에 부치며, 바로 그런 까닭에 되는대로 아무렇게나 말하지 않고 또 말의 허망함에 빠지지도 않는다. 유럽 각국의 언어가 헛되이 맹세하지 않을 수 없는 상황에 처한 듯 보이며 정치는 다만 '오이코노미아^{oikonomia}', 즉 벌거벗은 삶에 대한 빈말의 지배라는 형태를 띨 수밖에 없는 이때, 언어를 지닌 살아있는 인간이 이르게 된 극단적 상황에 대한 냉철한 인식으로 저항과 변화의 단초를 제공할 수 있는 것은 또 다시 철학인 것이다.

(*)

『최후 유고$^{Opus\ postumum}$』에서 칸트는 그가 가르치는 내용 중 가장 어려운 요점 중의 하나인 초월론적 도식론^{schematism}을 설명하는 과정에서 신들의 맹세라는 신화적 이미지에 호소했다. 칸트

장에서는 그 의미가 설명되고 있다. 인간은 말, 곧 '에페아^{epea}'를 쓰면서도 '로고스'에 닿을 수 없다. 이 단편에서는 분명히 말과 담화가 언급되고 있지만 그것은 '로고스'와는 전혀 다른 것, 심지어 대립되는 것이다"고 하고 있다. 이와 관련해 Martin Heidegger, *Introduction to Metaphysics*(New Haven: Yale University Press, 2000), pp. 136~137을 참고하라.

는 다음과 같이 쓰고 있다. "지성 개념들의 도식론은 (……) 형이상학과 자연학의 양안兩岸이 동시에 '그 사이로 내리쏟아지는 스틱스 강$^{Styx\ interfusa}$'을 만나는 순간이다"(22. 487). '*Styx interfusa*'라는 라틴어 인용문은 베르길리우스의 『게오르기카^{Georgics}』의 한 대목에서 따온 것인데, 여기서 베르길리우스는 섬뜩한 말로 스틱스 강을 묘사하면서(tardaque palus inamabilis unda/alligat et novies Styx interfusa coercet150)) 그것이 '위대하고 무시무시한 신들의 맹세'로 기능한다고 언급한다. 도식론(언어)은 일종의 맹세로 영원히 갈라져 있어야만 하는 것처럼 보이는 두 왕국을 일순간 하나가 되도록 만든다.

---

150) "거기에는 느리게 꿈틀거리는 고약한 늪지가 놓여있어 그들을 가두기 위해 스틱스 강이 아홉 겹으로 휘감아 돌면서 그 사이로 내리쏟아지네."

옮긴이 후기

  이 책은 조르조 아감벤의 *Il sacramento del linguaggio: Archeologia del giuramento*(Homo Sacer II-3)(2008, Gius. Laterza and Figli)를 옮긴 것이다. 비교적 짧은 분량의 이 책은 『호모 사케르: 주권 권력과 벌거벗은 생명』에서 시작되어 『아우슈비츠의 남은 자들: 문서고와 증인』, 『예외 상태』 등으로 이어져온 아감벤의 정치철학적 탐구인 '호모 사케르' 시리즈의 2부 3권을 이룬다.

  '맹세의 고고학'이라는 부제가 말해주듯이 일차적으로 이 책은 맹세에 관한 연구이다. 그런데 왜 '맹세의 고고학'인가? 일견 뜬금없어 보이는 '맹세'라는 주제는 종종 아감벤에 대한 편견의 중심적인 이미지를 이루고 있는 호고학적 현학과 악취미의 산물처럼 보일 수도 있다. 하지만 전혀 그렇지 않다. 비록 우리에게 익숙지 않은 고전과 문헌들에 대한 언급이 우리의 교양을 시험하는 듯하지만 아감벤의 탐구는 항상 현재에 대한 진단에 토대를 두고 있다.

  『언어의 성사』에서 이는 오늘날 '맹세가 쇠퇴하고 있다'는 현실 진단으로 표현되고 있다. 서양 정치사의 주요 장면마다 뚜렷한 역할을 한 맹세가 쇠퇴하고 있다는 것은 곧 오늘날 말이 말 같지 않아지고 빈말만이 공허하게 우리 삶을 지배하고 있다는 의미인데, 아감벤은 이를 (파올로 프로디를 따라) '정치적 존재로서의 인간의 존재 자체가 걸린 위기'라고 규정한다. 그런데 과연 맹세가 무엇이기에 그 쇠퇴가 곧 저러한 위기를 표상하는 것일까? 역으로 말해 아감벤은 왜 "말하는 존재자이자 정치적 동물로서의 인간의 본성 자체를 의문에 부치는 전망 속에 놓일 때에만" 맹세라는 저 수수께끼 같은 제도가 해명될 수 있다고 보는 것일까?

물론 맹세에 관한 기존의 해석들에 따르면 맹세의 쇠퇴란 필연적일뿐더러 자연스러운 현상이다. 기존의 해석들은 '성스러움의 원초성'이라는 자의적 전제(아감벤은 이를 '과학적 신화소'라고 부른다)에 기대어 맹세라는 제도를 거짓맹세를 처벌함으로써 맹세의 효력을 보증하기 위해 개입하는 신적인 힘 또는 종교적인 힘들과 관련시켜왔다. 다시 말해 맹세의 기원을 인간이 신의 복수나 처벌을 정말로 두려워했던 인간 역사의 '주술-종교적' 단계에서 찾았던 것이다. 그러한 한 오늘날 우리가 목도하는 맹세는 그러한 원시적 단계의 잔존물로 보이게 되며, 종교적 믿음의 쇠퇴와 더불어 '원초적 무구별 상태'(프로디)에서 벗어나 그 기능이 각각 법, 종교, 과학으로 분화되어 전문화되는 역사적 시기를 거치면서 필연적으로 쇠퇴할 수밖에 없는 제도로 나타나는 것이다.

그러나 역사적으로 관찰해보면 현실의 인간은 결코 '종교의 인간$^{homo\ religiosus}$'을 대체한 '이성의 인간$^{homo\ sapiens}$'이기만 한 것은 아니었다. 현실의 인간은 반드시 이성적이기만 한 것이 아니며 고전들에 나타나는 인간도 반드시 종교적이기만 한 것이 아니다. 그러므로 아감벤은 차라리 맹세를 있는 그대로, 말하자면 굳이 '성스러움의 원초성'이나 '선사先史'라는 패러다임을 끌어들일 필요 없이 역사적 기록에 나타나는 그대로 받아들이자고 제안한다. 그러면 맹세는 주술, 종교, 법 어느 하나로 환원될 수 없는 미분화된 통일체, 다시 말해 동시에 종교적이고 법적이고 도덕적이고 사회적인 제도로 나타나며, 맹세가 주술-종교의 영역에서 나온 것이 아니라 역으로 종교, 법, 과학이 맹세에서 배태된 것으로 나타난다. 그렇다면 종교, 과학, 법의 분화는 맹세에 속하는 어떤 고유한 경험의 위기에 대응하기 위한 반작용일 것이다.

그런데 맹세에 고유한 경험이란 과연 어떤 것일까? 역사적 증거들에 입각해, 다시 말해 맹세를 '있는 그대로' 보게 되면(물론 본질적으로 언어-사건인 맹세에 대해 언어 밖에서 설명을 추구하는 신화적 정의들을 제쳐둔다면) 맹세란 어떤 말의 진실성에 대한 보증 역할을 하는 발화 행위이다. 맹세의 형식들, 이를테면 '나는 (……) 맹세한다', '나는 (……) 약속한다', '나는 (……) 선언한다' 등의 발화 행위는 그 자체로는 아무런 의미론적인 내용을 지니지 않으며 또 어떤 사물이나 사태를 지시하지도 않는다. 저러한 발화 행위 사이를 메우는 어떤 사실이나 결심을 나타내는 발언^{dictum}(아감벤의 예시를 취하자면 '나는 어제 아테네에 있었다', '나는 트로이인들과 싸우지 않겠다' 등)이 오지 않는다면 그것은 곧 공허하고 헛된 말, 빈말이 되고 마는 것이다. 따라서 맹세의 '의미'는 의미론적인 것도 아니고 지시적인 것도 아닌 그러한 발화로 인해 현실화되는 수행적인 의미인바, 맹세의 중심 기능은 말의 진실함과 신뢰성을 수행적으로 확언하는 데 있다. 그러나 맹세가 항상 분명한 언표로만 말해지는 것은 아니다. 이를테면 우리는 항상 '나는 어제 아테네에 있었다고 맹세한다'라거나 '나는 트로이인들과 싸우지 않겠다고 약속한다'라고 말하지 않으며 다만 '나는 어제 아테네에 있었다', '나는 트로이인들과 싸우지 않겠다'라고만 말한다. 그러므로 맹세는 저와 같은 선언이나 약속의 진실함과 신뢰성을 보증하기 위해 이미 기입되어 있는 말, 말해지지 않아도 잠재적으로 말해지는 말, 비트겐슈타인 식으로 말하자면 '게임의 규칙'과 같은 것이다. 이렇게 보면 모든 말(곧 모든 선언과 약속)은 이미 맹세를 전제하는, 아니 말한다는 것은 곧 맹세하는 것이다.

이러한 이해를 전제로 하면 맹세는 생명과 언어, 행위와 말의 결합이 필연적으로 주어져 있는 것이 아님을, 이 둘 사이에는 끊임없는 어긋남, 메울 수 없는 틈이 있음을 역설적으로 증언한다. 왜냐하면 이 둘 사이에 어긋남이 없다면 맹세란 애당초 필요치 않았을 것이기 때문이다. 달리 말해 인간을 '언어를 가진 생명체 zōon logon echōn'(플라톤)라고 할 때 이 '가짐echōn'은 신의 섭리에 의해 보장되어 있는 것이 아니며 말하는 '나'는 생명과 언어 사이의, 말과 행위 사이의 틈 속에 유예되어 있는 것이다. 그렇기 때문에 말을 하는 존재자로서의 인간에게는 끊임없이 어긋나는 이 둘 사이를 맞물리게 해야만(그럴 때만 '주체'와 같은 것이 존재할 수 있다)하는 임무가 존재론적 숙명처럼 주어져 있는 것이며, 그렇기 때문에 맹세는 "말하는 동물에게 어떤 의미로건 결정적인 요구, 즉 말하는 동물이 언어에 자신의 본성을 걸고 말과 사물(사태)과 행위를 윤리적이고 정치적인 차원에서 하나로 묶어야만 하는 절박한 요구를 표현"하는 것이다. 또 그렇기 때문에 오늘날 맹세의 쇠퇴는 곧 '인간의 존재 자체가 걸린 위기'인 것이며, 그렇기 때문에 오늘날 유례없는 말의 성찬 속에서 — 그리고 이와 짝을 이루는 유례없는 '법의 힘' 앞에서 — 다시금 맹세가 문제인 것이다.

아감벤의 '호모 사케르' 시리즈는 아직 완결되지 않았으며 최종적으로 어떤 체제를 이루게 될지는 정확히 알려진 바 없다. 따라서 『언어의 성사』가 이 시리즈 속에서 전체적으로 어떤 의의와 기능을 지니게 될는지는 좀 더 기다려보아야 할 것 같다. 하지만 이 책 자체만으로도 종교학, 정치 철학에 대한 중요한 기여이며, 언어와 윤리, 주체와 진실의 관계에 대한 의미 있는 성찰임에는 틀림없다. 다만 저자가 기존에 출간된 저작들에서 발전시킨 바 있는 개념들에 대한 선이해를 전제로 대단히 압축적으로 논의를 전개하고 있는 만큼 일단 『호모 사케르: 주권 권력과 벌거벗은 생명』을 읽어두면 이해에 더 도움이 될 듯하다.

이 책의 초역은 영어판을 토대로 진행했으며 이탈리아어판을 원본으로 삼아 교정했다(노력은 했지만 혹시나 오역은 없을지, 또 고전어 번역과 이탈리아 원문에 대한 이해에 실수가 있지는 않을지 걱정되는 게 옮긴이의 솔직한 심정이다). 책의 분량에 비해 번역이 예상보다 훨씬 더 힘겨웠지만 그 기간 동안 집중력을 잃지 않게 해준 것은 역시 텍스트의 힘이었다. 마지막으로 이 흥미로운 책의 번역을 맡겨주고 또 가장 소중한 독자가 되어준 새물결출판사의 조형준 주간님과 편집부에 깊은 감사의 마음을 전하고 싶다.

참고문헌

Agamben, G. *Homo sacer: Il potere sovrano e la nuda vita*(Einaudi: Turin, 1995). English translation: *Homo Sacer: Sovereign Power and Bare Life*, trans. Daniel Heller-Roazen(Stanford: Stanford University Press, 1998).

Alain of Lille. *Regulae theologicae*, in *Patrologia latina cursus completus*, ed. J.-P. Migne, vol. 210(Paris: Garnier, 1844-55).

Anselm of Canterbury. *The Major Works*, ed. Brian Davies and Gillian Evans(New York: Oxford University Press, 1998).

Aquinas, Thomas. *Scriptum super Sententiis*, in *S. Thomae de Aquino Opera Omnia*, www.corpusthomisticum.org/iopera.html(accessed Dec. 30, 2009).

Aristotle [1]. *Fragments*, in *The Works of Aristotle*, trans. David Ross, vol. 12(New York: Clarendon, 1952).

Aristotle [2]. *The Metaphysics*, trans. Hugh Lawson-Tancred(New York: Penguin, 1999).

Augustine [1]. "Lying(*Contra mendacium*)," in *Treatises on Various Subjects*, trans. Mary S. Muldowney(New York: Catholic University of America Press, 2002).

Augustine [2]. "On the Morals of the Manicheans(*De mor. Manich)*," in *Nicene and Post-Nicene Fathers of the Christian Church*, part 4, ed. Philip Schaff, trans. Richard Stothert and Albert H. Newman(Edinburgh: T &T Clark, 1996).

Augustine [3]. *The Soliloquies of St. Augustine*, trans. Rose Elizabeth Cleveland(Boston: Little, Brown, 1910).

Aujoulat, N. *Le néoplatonisme alexandrin: Hiérocles d'Alexandrie: Filiations intellectuelles et spirituelles d'un néoplatonicien*(Leiden: Brill, 1986).

Benjamin, W. "Über Sprache überhaupt und über die Sprache des Menschen," in *Gesammelte Schriften*, vol. 1(Frankfurt am Main: Suhrkamp, 1977). English translation: "On Language as Such and on the Language of Man," in *Selected Writings*, vol. 1: 1913-1926, ed. Marcus Bullock and Michael W. Jennings(Cambridge: Harvard University Press, 1996).

Benveniste, É. [1]. "L'expression du serment dans la Grèce ancienne," *Revue de l'histoire des religions*(1948): 81-94.

Benveniste, É. [2]. *Le vocabulaire des institutions indo-européennes*, vols. 1-2(Minuit: Paris, 1969). English translation: *Indo-European Language and Society*, ed. Jean Lallot, trans. Elizabeth Palmer(London: Faber, 1973).

Benveniste, É. [3]. Problèmes de linguistique générale, vol. 1(Gallimard: Paris, 1966). English translation: *Problems in General*

Linguistics, trans. Mary Elizabeth Meek(Coral Gables, FL: University of Miami Press, 1971).

Benveniste, É. [4]. *Problémes de linguistique générale*, vol. 2(Paris: Gallimard, 1974).

Bickermann, E. "À propos de la phénoménologie religieuse," *Revue des études juives* 99(1935): 92-108. English translation: "On Religious Phenomenology," in *Studies in Jewish and Christian History*, vol. 2(Leiden: Brill, 1986).

Bollack, J. "Styx et serments," in *Revue des études grecques* 71(1958): 1-35.

Cassirer, E. *Sprache und Mythos, ein Beitrag zum Problem der Götternamen*(Leipzig: B. G. Teubner, 1925). English translation: Language and Myth, trans. Susanne K. Langer(New York: Harper, 1946).

Cicero. *De natura deorum and Academica*, trans. H. Rackham(Cambridge: Harvard University Press, 1933).

_____. *De officiis*, trans. Walter Miller(New York: Macmillan, 1913).

_____. *The First Oration Against Verres*, trans. C. D. Yonge(London: George Bell and Sons, 1903).

The Civil Law: Including The Twelve Tables, The Institutes of Gaius, The Rules of Ulpian, The Opinions of Paulus, The Enactments of Justinian, and The Constitutions of Leo, trans. S. P. Scott, 17 vols.(Cincinnati: Central Trust, 1932).

Codrington, Robert Henry. *The Melanesians: Studies in Their Anthropology and Folk-Lore*(Oxford: Clarendon, 1891).

Dante. *The Divine Comedy*, vol. 1: *Inferno*, trans. Mark Musa(New York: Penguin, 2002).

Demosthenes. *Orations*, trans. J. H. Vince, 7 vols.(Cambridge: Harvard University Press, 1930).

Diogenes Laertius. *Lives of Eminent Philosophers*, trans. R. D. Hicks(Cambridge: Harvard University Press, 1925).

Dionysius of Halicarnassus. *Antiquitates romanae*, ed. Charles Jacoby(Stuttgart: B. G. Teubner, 1967).

Dumézil, G. [1]. *Mythe et épopée*, vol. 1(Paris: Gallimard, 1968).

Dumézil, G. [2]. *Mythe et épopée*, vol. 3(Paris: Gallimard, 1973).

Dumézil, G. [3]. *Idées romaines*(Paris: Gallimard, 1969).

Dumézil, G. [4]. *La religion romaine archaïque, avec un appendice sur la religion des Étrusques*(Paris: Payot, 1966). English translation: *Archaic Roman Religion: With an Appendix on the Religion of the Etruscans*, trans. Philip Krapp(Chicago: University of Chicago Press, 1970).

Faraone, C. A. "Curses and Blessings in Ancient Greek Oaths," *Journal of Ancient Near Eastern Religions* 5(2006): 139-58.

Festus, Sextus Pompeius. *De verborum significatu quae supersunt*, ed. Wallace M. Lindsay(Leipzig: BG Teubner, 1913)

Foucault, M. *History of Sexuality, Volume 1: An Introduction*, trans. Robert Hurley(New York: Vintage, 1990).

Fowler, W. W. *Roman Essays and Interpretations*(Oxford: Clarendon, 1920).

Fränkel, H. "Zur Geschichte des Wortes 'fides,'" *Rheinisches Museum* 71(1916): 187-99.

Gaius. *The Commentaries*, in *The Commentaries of Gaius and Rules of Ulpian*, ed. and trans. J. T. Abdy and Bryan Walker(Cambridge: Cambridge University Press, 1885).

Gernet, L. [1]. *Anthropologie de la Gréce antique*(Paris: Maspero, 1968). English translation: *The Anthropology of Ancient Greece*, trans. John Hamilton and Blaise Nagy(Baltimore: Johns Hopkins University Press, 1981).

Gernet, L. [2]. "Le droit pénal de la Gréce antique," in *Du châtiment dans la cité*(Rome: École fariçaise, 1984).

Glotz, G. "Iusiurandum," in C. Daremberg and E. Saglio, eds., *Dictionnaire des antiquités grecques et romaines* . . .(Paris: Hachette, 1900).

Güntert, H. *Von der Spraches der Götter und Geister*(Halle: Niemeyer, 1921).

Hendrickson, G. L. "Archilochus and the Victims of His Iambics," *American Journal of Philology* 61(1926): 101-27.

Hesiod. *Theogony, Works and Days, Testimonia*, ed. and trans. Glenn W. Most(Cambridge: Harvard University Press, 2006).

Hirzel, R. *Der Eid: Em Beitrag zu seiner Geschichte*(Leipzig: Hirzel, 1902).

Hobbes, T. *On the Citizen [De cive]*, ed. Michael Tuck and Michael Silverthorne(Cambridge: Cambridge University Press, 1998).

Homer. *Iliad*, trans. A. T. Murray, 2 vols.(Cambridge: Harvard University Press, 1924).

Imbert, J. "De la sociologie au droit: La fides romaine," in *Mélanges Lévy-Bruhl*(Paris: Recueil Sirey, 1959).

Johnson, Michael J. "The Pontifical Law of the Roman Republic." PhD diss., Rutgers University, 2007.

Kant, Immanuel. *Opus postumum*, ed. Eckart Förster and Michael Rosen(New York: Cambridge University Press, 1995).

Kraus, C. *Mysterium und Metapher: Metamorphosen der Sakraments- und Worttheologie bei Odo Casel und Günter Bader*(Aschendorf: Münster, 2007).

Lévi-Strauss, C. "Introduction à l'oeuvre de M. Mauss," in M. Mauss, *Sociologie et anthropologie*(PUF: Paris, 1950). English translation: *Introduction to the Work of Marcel Mauss*, trans. Felicity Baker(Boston: Routledge, 1987).

Livy. *History of Rome*, tans. B. O. Foster, 2 vols.(Cambridge: Harvard University Press, 1919).

Loraux, N. *La cité divisée: L'oubli dans la mémoire d'Athénes*(Paris: Payot and Rivages, 1997). English translation: *The Divided City: On Memory and Forgetting in Ancient Athens*, trans. Corinne Pache and Jeff Fort(New York: Zone, 2001).

Lucretius. *On the Nature of Things*, trans. W. H. D. Rouse(Cambridge: Harvard University Press, 1975).

Lysias. "Against Simon," in *Lysias*, trans. W. R. M. Lamb(Cambridge: Harvard University Press, 1930).

Lycurgus. *Against Leocrates*, in *Minor Attic Orators*, vol. 2, trans. J. O. Burtt(Cambridge: Harvard University Press, 1962).

Macrobius. *The Saturnalia*, trans. Percival Vaughn Davies(New York: Columbia University Press, 1969).

Magdelain, A. *Ius Imperium Auctoritas*(Rome: École française, 1990).

Maimonides. *Guide of the Perplexed*, trans. M. Friedlander, 3 vols.(London: Trübner, 1885).

Marett, R. R. *The Threshold of Religion*(London: Methuen, 1909).

Mauss, M. *Esquisse d'une théorie générale de la magic*, in *Sociologie et anthropologie*(Paris: PUF, 1950). English translation: *A General Theory of Magic*, trans. Robert Brain(New York: Routledge, 2001).

Meillet, A. *Linguistique historique et linguistique générale*(Paris: Champion, 1975).

Milner, J.-C. *De la syntaxe à l'interprétation*(Paris: Seuil, 1978).

Müller, F. M. *Lectures on the Origin and Growth of Religion as Illustrated by the Religions of India(Hibbert Lectures)*(New York: Scribner's, 1879).

Noailles, P. [1]. *Du droit sacré au droit civil: Cours de droits romain approfondi(1941-42)*(Paris: Recueil Sirey, 1949).

Noailles, P. [2]. *Fas et jus: Études de droit romain*(Paris: Les Belles Lettres, 1948).

Philo of Alexandria [1]. *Allegorical Interpretation of Genesis II and III(Legum allegoriae)*, in *Philo*, trans. F. H. Colson and G. H. Whitaker, vol. 1(New York: Putnam, 1929).

Philo of Alexandria [2]. *On the Birth of Abel and the Sacrifices Offered by Him and by His Brother, Cain(De sacrificiis Abelis et Caini)*, in *Philo*, trans. F. H. Colson and G. H. Whitaker, vol. 2(New York: Putnam, 1929).

Plato. *Cratylus*, in *Plato*, trans. R. G. Bury, vol. 4(Cambridge: Harvard University Press, 1999)

_____. *Critias*, in *Plato*, trans. R. G. Bury, vol. 9(Cambridge: Harvard University Press, 1999).

_____. *The Republic*, ed. G. R. F. Ferrari, trans. Tom Griffith(Cambridge: Cambridge University Press, 2000).

_____. *Laws*, in *Plato*, trans. R. G. Bury, vols. 10 and 11(Cambridge: Harvard University Press, 1967-68).

Plescia, J. *The Oath and Perjury in Ancient Greece*(Tallahassee: Florida State University Press, 1970).

Pliny. *Natural History*, trans. H. Rackham, vol. 3(Cambridge: Harvard University Press, 1940).

Plutarch. *Questiones romanae*, in *Moralia*, vol. 4, trans. Frank Cole Babbitt(Cambridge: Harvard University Press, 1936).

Prodi, P. *Il sacramento del potere: Il giuramento politico nella storia costituzionale dell'Occidente*(Bologna: Il Mulino, 1992).

Pufendorf, S. *De jure naturae et gentium* [1672](Berlin: Akademie Verlag, 1998). English translation: *Of the Law of Nature and Nations*, trans. Basil Kennet(Clark, NJ: Lawbook Exchange, 2005).

Riccobono, S., ed. *Fontes iuris romani antejustiniani*, vol. 1: *Leges*(Florence: Barbéra, 1941).

Schied, John. "The Expiation of Impieties Committed Without Intention and the Formation of Roman Theology," in Jan Assmann and Guy G. Stroumsa, eds., *Transformations of the Inner Self in Ancient Religions*(Leiden: Brill, 1999).

Scholem, G. *Judaica*, vol. 1(Suhrkamp: Frankfurt am Main, 1973). English translation: "The Name of God and the Linguistic Theory of the Kabbala," trans. Simon Pleasance, *Diogenes* 20, nos. 79-80(1972): 59-194.

Servius. *Grammatici qui feruntur in Vergilii carmina commentarii*, ed. George Thilo and Hermann Hagen(Leipzig: Teubneri, 1881).

Suetonius. *The Lives of the Twelve Caesars; An English Translation, Augmented with the Biographies of Contemporary Statesmen, Orators, Poets, and Other Associates*, ed. Alexander Thomson(Philadelphia: Gebbie, 1889).

Tacitus. *Annales*. In *Complete Works*, trans. Alfred John Church and William Jackson Brodribb(New York: Random House, 1942).

Tertullian. *Tertulliani Apologeticus*, trans. A. Souter(Cambridge: Cambridge University Press, 1917).

Thomas, Y. "Corpus aut ossa aut cineres: La chose religieuse et le commerce," *Micrologus* 7(1999): 73-112.

Thucydides. *The History of the Peloponnesian War*, trans. Charles Foster Smith, 4 vols.(New York: Putnam, 1970).

Torricelli, P. "Sul greco horkos e la figura lessicale del giuramento," *Atti Accad. naz. del Lincei* 36(1981): 125-42.

Ulpian. *The Rules*, in *The Commentaries of Gaius and Rules of Ulpian*, ed. and trans. J. T. Abdy and Bryan Walker(Cambridge: Cambridge University Press, 1885).

Usener, H. *Götternamen: Versuch einer Lehre der religiösen Begriffsbildung* [1896](Frankfurt am Main: Klosterman, 1985).

Varro, Marcus Terentius. *On the Latin Language*, trans. Roland G. Kent(Cambridge: Harvard University Press, 1938).

Vergil. *Bucolics, Aeneid, and Georgics of Vergil*, ed. J. B. Greenough(Boston: Ginn, 1900).

Wessley, K. *Ephesia Grammata*(Vienna: Jahresbericht des Franz-Joseph Gymnasium, 1886).

Wittgenstein, L. *On Certainty*(Oxford: Blackwell, 1969).

Ziebarth, E. "Der Fluch im griechischen Recht," *Hermes* 30(1895): 57~70.